김 변호사의 행복 아포리즘

MY DUTY TO BE HAPPY

행복할 의무

김석

박영사

서문

　행복을 바라지 않는 사람은 없다. 그러나 정작 행복이 무엇이고 어떻게 해야 행복할 수 있는지 아는 사람은 많지 않다. 어쩌면 먹고 살기 바빠서 곰곰이 생각하고 실천할 기회가 없었는지도 모른다. 결국 우리는 자신도 잘 모르는 것을 간절히 바라고 있는 셈이다. 행복을 성취하기 어려운 이유는 그 때문이다. 막연한 것은 소망될 수 없고, 소망하지 않으면 획득될 수 없다.

　행복이란 무엇인가?
　행복은 무엇으로 구성되는가?
　행복은 타고나는 것인가, 성취하는 것인가?
　행복은 마음가짐인가, 행동인가?
　행복의 길은 앎의 추구에 있는가, 덕의 추구에 있는가, 쾌락의 추구에 있는가?
　행복은 감정인가, 상태인가?
　행복은 권리인가, 의무인가?

　익숙한 것을 낯설게(새롭게) 하는 것이 작가의 역할이라면 모호한 것을 분명하게 밝히는 것은 철학의 소명이다. 이 책은 우리가 불행한

1

이유는 무엇이고 어떻게 하면 행복한 삶을 영위할 수 있는지 함께 고민해보자는 생각으로 쓴 것이다. 말하자면 우리 시대에 다시 쓰는 행복론이다.

행복을 논한 책들이 적지 않으나 대개는 난해하거나 상식적인 것들이어서 어렵지 않고 뻔하지 않은 행복론을 지향했다. 거창하게 말하면 행복의 글 읽기와 글 읽기의 행복. 행복한 행복론!

그러나 막상 서문을 쓰고 책으로 엮으려니 아쉬운 마음이 적지 않다. 자기 글에 자기가 놀라는 바보는 없겠지만 누구나 아는 이야기를 새삼 주절주절 늘어놓은 느낌이다. '하늘 아래 새로운 것은 없고, 진리란 지극히 통속적'이라는 생각으로 위안을 삼는다.

어느 시대인들 그렇지 않은 때가 없었겠지만 정말 건강한 몸과 정신으로 살아가기 힘든 세상이다. 이런저런 문제로 고통 받고 잠 못 드는 사람들에게 이 책이 '고통의 동지'가 전하는 작은 위로라도 되기를 바란다.

책을 쓰면서 여러 선현들의 도움을 받았고 특히 아리스토텔레스와 쇼펜하우어로부터 많은 영감을 얻고 책 곳곳에 인용하였음을 밝힌다. 인류 최고의 스승으로부터 직접 배울 수 있는 기쁨, 그것이야말로 고전을 읽는 행복이다.

초고를 읽고 조언과 격려를 아끼지 않은 서기석, 고기동, 이홍병 님, 사무실의 동료들, 그리고 매일 서로의 안부를 묻고 좋은 생각을 나누는 단톡방 회원님들께 감사의 마음을 전한다.

2022. 봄.
전환기를 함께 견디며.

차례

나는 누구인가 ··· 5

행복에 단방약은 없다 ·· 11

왜 지금 행복론인가 ·· 19

행복은 최고의 선이다 ·· 25

인류의 가장 오래된 질문 ································· 33

행복의 제1요소 ··· 45

쾌락과 고통 ·· 53

행복은 당연하지 않다 ·· 61

철학, 행복의 시작 ·· 71

행복에 관한 많은 오해들 ································· 79

행복이란 무엇인가 ·· 87

행복하지 않은 사회 ·· 97

행복론은 정의론이다 ······································ 111

행복론은 수양론이다 ······································ 125

매일의 행복을 위하여 ···································· 145

행복을 선고하자 ·· 157

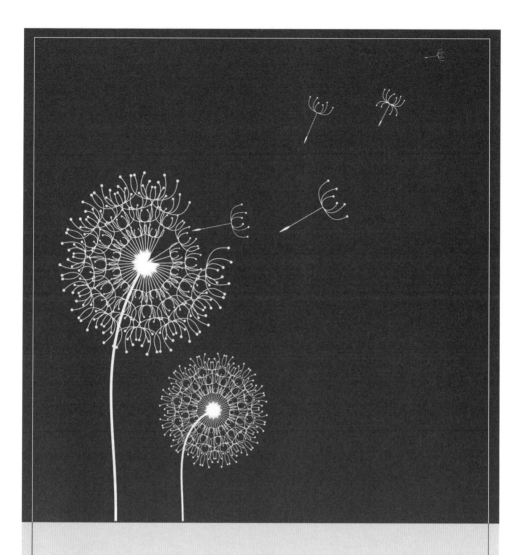

나는 누구인가

인간이란 동물과 초인(超人) 사이에 놓인 하나의 밧줄이고, 심연(深淵) 위
에 놓인 밧줄이다.

니체

나라는 존재

먼저 간단히 나를 소개하자. 별로 내세울 것도 없고 좋아하는 일도 아니지만 내 생각을 이해하는 데 조금은 도움이 될 것 같아서다. 의식은 어떻게든 존재를 반영하기 마련이다.

나는 50대 중반을 넘어선 대한민국 남성이다. 적잖은 짐을 지고 있는 것이 사실이지만 한편으론 우리 사회와 가정을 과잉대표하고 있는 존재들이다. 정치·경제·사회·문화·가정생활의 제반 영역에서 비율과 능력 이상의 권력을 행사하고 있다.

50대가 사회의 중추인 것은 신체와 정신의 부조화, 정신의 발달지체에도 원인이 있다. 정신의 성장은 본래 육체의 성장을 못 따라 간다. 아리스토텔레스의 말처럼 신체는 30세 전후면 장성하지만 정신은 50세 전후에 가장 원숙하다. 사람의 인지능력이 20대 이후 퇴화한다는 것은 잘못된 상식이다. 60세 전후까지 인간의 정보처리능력에는 별다른 차이가 없고 나이가 들수록 더 신중하고 정확해진다는 연구보고도 있다.

그러나 원인이 어떠하든 그 정도가 너무 심한 것은 문제다. 가정에서나 사회에서나 50대 남성이 필요이상으로 과다하게 대표되고 있는 것이 우리가 불행한 이유 중 하나다. 이들이 본래의 n분의 1의 자리로 돌아갈 때 비로소 참된 평화와 민주주의, 개혁이 실현되리라 믿는다.

필자의 직업은 변호사다. 변호사를 디스하는 유머는 아주 많다. 이를 테면 이런 것들이다. 천국과 지옥이 경계분쟁을 한다면 어디가 이길까? 답은 물론 지옥이다. 왜냐고? 지옥에는 유능한 변호사들이 바글바글하니까.

사실 선망과 시기는 일란성 쌍둥이다. 그간 변호사라는 직업이 선망의 대상이었기 때문에 그만큼 시기와 조롱도 많았던 것이다. 그러나 지금은 세상이 한참 바뀌었다. 월용(月用)할 양식을 걱정하는 변호사도 허다하고 필자도 그런 부류의 3류 변호사다. 3류 변호사는 일도 적고 돈도 적게 버는 변호사를 말한다. 좋게 말하면 시간 부자, 가난 부자인 셈이다. 나머지 1류, 2류, 4류 변호사가 궁금하다면 졸저 〈법철학소프트〉를 참고하시라.

변호사는 스트레스가 많은 직업이다. 남의 송사 뒤치다꺼리하는 게 일이고 회사원이자 자영업자로서 영업과 생계도 걱정해야 한다. 송사란 쉽게 말해 사람들이 평생 한 번 겪을까 말까한 사건에서 각기 생명, 자유, 재산, 명예를 걸고 벌이는 일생일대의 큰 싸움이다.

직업에 대한 편견 때문에 처신하는 것도 쉽지 않다. 밥값을 내기 위해 카드를 들고 먼저 뛰어나가지 않거나 남들보다 적게 부조라도 하면 당장 쩨쩨하다는 소리를 듣는다. 힘들다고 말하면 능력 없어 보이고 잘 나간다고 말하면 돈 꾸러들까 봐 이러지도 저러지도 못한다. 어쩌다 친구들을 만나 농으로 "일 없어서 굶어 죽겠다. 네가 사람 좀 패라"고 하면 다들 킬킬 거린다.

취미는 책 읽고 산책하고 술 마시고 떠드는 것이다. 고시합격도 남보다 2배는 늦게 했는데 이유는 자명하다. 하루 공부하고 하루 술 마시고 하루 공부하고 하루 놀고. 이상주의적 경향이 있어서 스스로에게는 물론 사회 현실에도 쉽게 만족하지 못한다. 대통령 선거에 족히 일곱 번 정도는 투표했을 텐데 당선된 사람은 딱 두 사람이고, 적중률은 절반에도 미치지 못한다. 그 두 사람도 이제는 모두 고인이 되었다.

내 소개는 이 정도로 마치기로 하자. 아니 마지막으로 하나 더 고백할 것이 있다. 나는 지금 행복하지 않다. 그렇다. 나의 행복은 완성된 것이 아니다. 여전히 불행에 고뇌하고 행복의 길을 찾기 위해 노력 중이다. 어쩌면 인생이란 끝내 미완성인 채로 완성인지도 모른다. 그러나 한 가지 분명한 것은 나에게 행복에 대한 고민과 사유가 없었더라면 지금보다 훨씬 더 불행했을 것이라는 사실이다.

가족에 대하여

아내는 한결같고 헌신적인 사람이다. 걸레를 손빨래해서 자기 얼굴을 쓱 닦는 것을 보면서, 아이가 침대에서 굴러 떨어지자 똑같이 떨어지며 충격을 가늠하는 모습을 보면서 나는 두 손 두 발 다 들었다. 그리고 그때 벌써 알았다. 몸을 던지는 일에서는 나는 그녀에게 짭도 안 된다는 사실을.

그 밖에도 하고 싶은 말이 많지만 자기 이야기는 가급적 빼 달라는 아내의 뜻에 따라 생략하기로 한다. 나이 든 남자들이란 대체로 '잘하면 야단맞고, 잘못하면 쫓겨나는 존재'라는데 어찌 감히 아내 말을 거역할 수 있겠는가?

아이가 둘 있는데 모두 대학생이다. 큰 아이는 서울상대(서울에서 상당히 먼 대학)를 다녀 일찌감치 독립을 했고, 작은 아이는 소위 인서울을 했지만 통학하기 힘들다는 핑계로 역시 방을 얻어나갔다. 필자의 집은 서울도 멀고 서울상대도 먼 경기도 성남 어딘가에 있다. 딸아이마저 독립하는 것에 대해 아내의 걱정도 있었지만 자유란 본래 위험을 감수하는 것이다. 안전한 복종은 있어도 안전한 자유란 없다. 자유는 행복의 대전제이다. 생각해보면 젊은 시절의 나 또한 얼마나 간절히 독립과 해방을 꿈꾸었던가?

고향에 계신 부모님을 생각하면 마음이 애잔하다. 인생의 황금기를 다 보내고 이제는 쇠약해진 몸을 서로 의지하며 '마지막 잎새'처럼 겨울을 견디고 있다. "인생에서 가장 무거운 짐은 가난과 고령"이라는 키케로의 말을 새삼 절감한다. 두어 달에 한 번씩 찾아뵙고 말동무나 되어드리는 것으로 불효를 대신하고 있다.

행복에 단방약은 없다

모든 개체적 불행은 예외로 생각되지만 일반적 불행은 규칙이다.

쇼펜하우어

영웅과 바보 사이

　학창시절 벗 중에 별명이 '3초(秒)'인 친구가 있었다. 불을 끄자마자 바로 코를 골고 잠이 들었기 때문에 붙여진 별명이다. 필자는 프랑스의 구국영웅 '잔다르크'에 빗대 '잔다~쿨'이라는 별도의 별명을 붙여주었다. 물론 그 친구는 다른 친구들의 코고는 소리 때문에 잠을 설치는 일 따위는 없었다. 말하자면 선수를 치거나 '선빵'을 날린 셈이다. 중요한 것은 이처럼 스피드다. 돈을 빌려달라는 부탁을 거절하는 가장 효과적인 방법은 낌새를 보아 먼저 돈을 빌려달라고 말하는 것이다.

　문제는 우리가 '3초'이거나 '잔다~쿨'이 아니고 대부분 그 반대라는 데 있다. '눕자마자 잠드는 사람은 영웅 아니면 바보'라고 하는데, 우리는 영웅도 아니고 바보도 아니다. 크고 작은 근심거리로 이리저리 뒤척이며, 쉽게 잠들지 못하는 그저 보통 사람들이다.

　그가 부자건 가난한 자건, 고귀한 자건 비천한 자건, 노인이건 젊은이건 모두 나름의 고통과 번민이 있다. 쇼펜하우어의 말처럼 세상에서 나만 홀로 불행하다고 느끼지만 사실은 모두가 불행한 것이다. 불행의 커다란 이유인 질병과 죽음을 보자. 나만 아프고 나만 죽는 것 같지만 사실은 모두가 아프고 모두가 죽는다. 보편적 현상을 다만 개체적으로 경험하고 느낄 뿐이다. 죽은 자식을 살릴 약을 찾는 우는 여인에게 싯다르타가 말했다지 않는가?

　"아이나 부모, 하인 가릴 것 없이 누구도 죽지 않는 집안에서 겨자씨 한 줌을 갖고 오시오."

단방약은 없다

그래서 우리는 행복을 꿈꾼다. 이런 저런 조언도 들어보고 책도 찾아 읽는다. 흔한 처방 중 하나는 마음가짐을 강조하는 것이다. 모든 것은 마음의 작용이므로 마음만 고쳐먹으면 지금 당장이라도 행복할 수 있다는 것이다. 유심론자(唯心論者), 관념론자들의 행복관이라 할 수 있다.

물론 행복에 있어서 마음가짐, 특히 이성과 의지는 중요한 요소다. 그러나 몸을 떠나 마음이, 물질을 떠나 정신이, 사회를 떠나 개인이 저 홀로 존재할 수는 없다. 행복이 단지 마음가짐이라면 식물처럼 누워 몽상하는 사람이나 매사 무사태평인 호호(好好)선생, 술에 취한 자는 진정 행복한가? 또 마음 수련이라는 것이 말처럼 쉽고 간단한가?

행복의 비방(秘方)을 찾는 사람들이 있지만 행복에 특별한 비결이나 묘수는 없다. 행복의 문을 여는 단 하나의 황금열쇠는 존재하지 않는다. 한탕주의자는 무엇보다 게으른 자, 성실하지 않은 자다. 니체는 말한다.

"단 한 번의 도약으로, 단 한 번의 필사적인 도약으로 궁극적인 것에 도달하려는 권태, 더 이상 의욕적이려 하지 않는 권태, 그것이 모든 신들과 배후 세계를 만들어낸 것이다."

행복에 한 가지 약재로만 지은 단방약은 없다. 행복은 하루아침에 이루어지지 않는다. 행복은 부단한 노력과 실천을 통해 얻어진다. 생각을 바꾸고 행동을 바꾸고 삶의 태도를 바꾸는 지난한 노력을 통해 실현된다. '복숭아와 밤나무 3년, 감나무 8년'이라는 좋은 일본 속담이 있다. 하나의 과실이 열리는데도 일정한 시간과 노력이 필요한 법이다.

우리에게 필요한 것은 도인의 철학이 아니라 생활인의 철학이다.

운명론을 넘어

　숙명의 사전적 정의는 '피할 수 없는 운명'이다. 따라서 운명에는 '피할 수 없는 운명'과 '피할 수 있는 운명'이 있는 것처럼 보인다. 그러나 인간의 의지나 노력으로 피할 수 있다면 그것은 이미 운명이 아니다. 운명의 정의는 '인간을 포함한 모든 것을 지배하는 초인간적인 힘 또는 그것에 의하여 이미 정해져 있는 목숨이나 처지'다. 따라서 운명과 숙명은 농도의 차이만 있을 뿐 거의 같은 뜻이다. 그렇다면 운명론 또는 숙명론이란 '초인간적인 또는 초자연적인 어떤 의지나 힘, 실체의 존재를 믿는 것이고, 그것에 의해 인간의 생사, 귀천, 빈부, 길흉 등이 결정된다는 논리'이다.

　우리가 앞으로 생각할 행복론은 이러한 운명론이 아니다. 오히려 운명론을 배척한다. 행복은 그저 행운이 아니다. 넝쿨째 굴러온 호박이거나 어느 날 박씨를 물고 날아온 제비가 아니다. 마찬가지로 불행 또한 단지 불운이 아니다. 예기치 못한 액운이거나 뜻밖의 재앙이 아니다. 등 뒤에서 느닷없이 날아온 돌멩이나 총알이 아니다.

　행복론은 결국 어떻게 살 것인가 하는 인생론이고, 어떻게 사는 것이 옳고 바람직한가 하는 윤리론이며, 그러한 철학을 삶 속에서 구현하는 실천론이다. 총체적인 삶의 기술이다. 따라서 어떻게 살든 결과가 정해져 있고, 원인이 어떻든 결과가 동일하다고 생각한다면 굳이 행복론을 고민할 필요가 없다. 인간의 자유의지를 신뢰할 때, 선택의 가능성과 중요성을 인정할 때 비로소 행복론이 가치가 있다. 링컨의 말처럼

"사람은 자기가 행복해지기로 결심한 만큼 행복하다."

불행히도 우리 인생에는 내비게이션이 없다. 실시간의 교통정보를 반영하여 목적지로 가는 정확하고 빠른 길을 알려주지 않는다. 우리는 고작해야 나침반이나 지도 한 장 들고 극히 불확실한 삶의 여정을 떠난다. 그 과정에서 수많은 갈림길을 만나고 번민하고 선택하고 시행착오를 겪는다. 그 때문에 옛 성인은 갈림길에서 통곡한 것이다. 어디로 갈 것인가? 그 차이를 어찌할 것인가? 그 책임을 어찌할 것인가?

언행일치의 문제

사람을 설득하는 수단에는 말만 있는 것이 아니다. 그 밖에도 인격, 행동, 침묵 등이 있고 이것들이 더 강한 힘을 발휘하기도 한다. 아리스토텔레스는 성격으로 설득하는 것(에토스), 감정에 호소하는 것(파토스), 논리(증명)로 설득하는 것(로고스) 세 가지를 든다. 그리고 그 중에서도 성격으로 설득하는 것이 가장 효과적이라고 말한다. 왜냐고?

"우리는 대체로 매사에 정직한 사람을 더 기꺼이 더 빨리 신뢰하며, 정확성을 기할 수 없고 의견이 엇갈릴 때는 특히 그러하기 때문이다."

그런데 이 말은 거꾸로 말의 설득력을 떨어뜨리기 위해서는 말 보다 사람(성격)을 공격하는 것이 효과적이라는 뜻이기도 하다. 종종 메시지 자체보다 메신저의 신뢰성, 도덕성을 물고 늘어지는 이유가 여기에 있다.

거짓말쟁이의 역설이라는 것이 있다. 거짓말쟁이가 어느 날 개과천선해서 지금까지 자기가 한 말은 모두 거짓말이라고 말했다고 하자. 그러면 그 말은 참말일까? 거짓말일까? 메신저 측면에서는 거짓말로 보이고, 메시지 측면에서는 참말처럼 보인다. 그렇다면 정답은 무엇일까? 그렇다. 거짓말이다. 그가 본래 거짓말쟁이여서가 아니라 살면서 단 한 번도 참말을 하지 않는 사람은 존재하지 않기 때문이다. 거짓말쟁이도 배가 고프면 배가 고프다고 말하고 졸리면 졸립다고 말하는 법이다. 물론 그 반대도 성립하여 살면서 단 한 번도 거짓말을 하지 않은 사람도 존재하지 않는다.

물론 말은 사람이 하는 것이고 말의 설득력을 높이기 위해서는 사람 자체가 설득력이 있어야 한다. 고매한 인격, 정직한 성격 등이 그것이다. 그러나 인격에 완성이란 없고 성격 또한 마음대로 취사선택할 수 있는 것이 아니다. 인격자라고 해서 언제나 바른 선택과 판단을 하는 것도 아니고, 비인격자라고 해서 언제나 틀린 선택과 판단을 하는 것도 아니다.

흔히 지행합일, 언행일치를 말하지만 아는 것과 실천하는 것, 말과 행동은 다르다. 말은 쉽고 행동은 어려우며, 말은 빠르고 행동은 느리다. '행동은 말의 그림자' '말은 행동의 그림자'이길 바라지만 결과로서의 지행합일, 언행일치는 사실 신이나 성인(聖人)의 영역에 속한다. 동물에게 인간의 경지를 요구하는 것이 부당한 것과 똑같이 사람에게 신의 경지를 요구하는 것도 부당하다. 우리가 할 수 있는 것은 말과 행동의 간격을 좁히기 위해 노력하고 반성하는 것, 즉 과정으로서의 언행일치다. 상대에게 지적할 수 있는 것도 다만 그 간격의 넓고 좁음에 관한 것이요, 태도 여하일 뿐이다.

행복론은 정의론이고, 수양론이다. 행복하기 위해서는 사회의 개선과 개인의 성장이 동시에 필요하다. 그러나 부디 오해 없기 바란다. 나의 그런 주장이 나를 증명하는 것은 아니다. 나는 완성된 사람이 아니다. 그저 되기 위해 노력하는 사람, 엎어지고 깨지면서도 간격을 줄이기 위해 힘쓰는 사람일 뿐이다. 그러니 가능하면 말 그 자체, 메시지 자체에 집중해주시라.

왜 지금 행복론인가

자기 안에 축복받은 행복한 삶을 영위할 수단이 없는 사람들은 나이와 상관없이 삶이 고통스러운 법이지.

키케로

어엿한 나라

지금 우리는 단군 이래 가장 국운이 융성한 시대를 살고 있다. 그것도 남북이 분단되어 대치하고 있는 지극히 비정상적이고 불리한 환경에서 말이다.

오늘날 한국의 위상을 알려주는 지표들은 많다. 우선 30 − 50클럽이라는 것이 있다. 1인당 국민소득이 3만 달러 이상이고 인구가 5천만 명 이상인 나라를 말한다. 한마디로 먹고 살만하고 덩치도 밀리지 않는 강국이다. 미국, 영국, 일본, 독일, 프랑스, 이탈리아, 그리고 한국 이렇게 지구상에 딱 일곱 나라뿐이다. 어떤 나라는 국민소득은 높지만 인구가 적고, 반대로 어떤 나라는 인구는 많지만 국민소득은 낮다.

스웨덴의 한스 로슬링이라는 학자와 그 가족이 만든 물방울 도표라는 것도 있다. 평균수명을 세로축, 소득을 가로축, 인구수를 물방울 크기로 표시하여 지구상의 나라들을 4단계로 구분한 도표다. 평균수명은 간단한 지표지만 한 나라의 총체적 수준, 삶의 질을 단적으로 보여준다. 평균수명이 길다는 것은 그만큼 그 나라의 보건, 의료, 위생, 환경, 식량, 교통, 치안, 국방, 산업, 노동, 교육, 문화의 수준이 높다는 것을 말한다. 위 도표의 오른쪽 상단의 제4단계에 속하는 나라가 한국이다. 한국인의 평균 신장이 아시아 전체에서 2위권이라는 이야기도 있다.

국내총생산이나 무역규모로 보면 세계 10위권의 경제 강국이고, OECD(경제협력개발기구)에 가입했고, 세계주요 20개국(G20)에 소속된 국가다. 가난하고 힘이 없어 그간 무수히 외세의 침탈을 받고 휘청거렸던 것을 생각하면 그야말로 경천동지고, 격세지감이다. BTS, 봉준호,

손흥민으로 대표되는 문화·체육의 융성은 어떤가? 강남스타일과 오징어게임 신드롬은 또 어떤가?

출산율과 자살율

그런데 어찌된 일일까? 아이를 낳으려고 하지 않는다. 출산율이 0.84명으로 전 세계 201개국 중 거의 꼴찌다. '아들 딸 구별 말고 둘만 낳아 잘 기르자'고 산아제한 캠페인을 벌이던 것이 불과 엊그제 일인데 이제 두 명의 부모가 채 한 명의 아이도 낳지 않는 것이다. 심각한 축소재생산이고, 이런 추세로 가면 약 700년 후에 대한민국 인구는 0명이 된다.

반면에 자살하는 사람은 하루 평균 40명 가까이 되고 한해 평균 14,000명에 육박한다. 자살율(인구 10만 명당 자살자 비율)로 따지면 리투아니아, 러시아, 가이아나에 이어 전 세계 4위 수준이다. OECD 37개국으로 한정하면 출산율은 꼴찌요, 자살율은 1위다.

인간은 동물계의 일원이고 당연히 종족보존의 본능, 생명유지의 본능을 가지고 있다. 그런데 새로운 생명을 낳지 않을 뿐 아니라 스스로 자신의 삶마저 중단하는 비자연적이고 비본능적인 현상이 벌어지고 있는 것이다.

출산기피의 원인으로는 가치관의 변화, 사회·경제적 여건, 복지정책의 취약 등이 꼽힌다. 어려운 말 할 것 없이 아이를 낳고 키우는 것이 큰 고통이고 더 이상 행복하지 않다는 것이다. 일시적 고통이라면 감내하겠는데 조만간 좋아지리라는 희망도 보이지 않는다는 이야기다. 스스로 삶을 마감하는 자살 또한 삶의 고통이 죽음의 고통을 넘어설 때, 사는 것이 죽는 것보다 더 무섭고 공포스러울 때 발생한다. 그만큼 지금의 삶이 불안하고 불행하고 희망이 없다는 얘기다.

이를 단적으로 보여주는 것이 UN 산하 기구 지속가능개발해법네트워크에서 최근 발표한 세계행복순위지표다. 그에 따르면 조사대상 153개국 중 우리나라의 행복순위는 세계 61위였다. 1인당 국민소득(27위)과 기대수명(10위)이 높으면서도 순위가 한참 뒤로 처진 것은 사회적 지원(유대), 자유, 관용, 부정부패, 미래에 대한 불안감 등 다른 항목에서 매우 낮은 점수를 받았기 때문이라고 한다. OECD 37개국 중에서는 꼴찌에 가까운 35위이고, 우리보다 낮은 순위를 얻은 국가는 그리스와 터키뿐이다.

행복하지 않은 사람들

비혼자가 늘고 있는 것도 간과할 수 없다. 미혼 남성의 절반, 미혼 여성의 70% 가량이 결혼에 부정적이고 필요성을 느끼지 않는다. 이들 모두가 독신으로 살지는 않는다 하더라도 앞으로 비혼자가 큰 폭으로 증가하리라는 것은 분명하다. 실제로 30대 인구 중에서 비혼자 비율이 40%를 훨씬 상회한다는 보고도 있다.

특히 임신과 출산의 주체인 여성들의 비혼주의 경향이 남성보다 20% 이상 높다는 것은 시사하는 바가 크다. 출산율 감소가 더 심각해질 가능성이 크다는 것을 알 수 있고, 그간 우리의 결혼제도가 양성 불평등과 여성들의 희생 위에서 유지되어 왔음을 보여준다.

물론 결혼 여부는 개인의 선택에 달린 문제다. 법으로 강제할 수도 없고, '독신세(獨身稅)'를 물려서 해결할 일도 아니다. '우리 때는 남편 얼굴도 모르고 결혼했다'거나 '밭에서 일하다가도 애를 낳았다'거나 '우는 아이를 두고 문고리에 숟가락 꽂고 일하러 갔다'고 훈계할 일도 아니다. 결혼이 당연히 행복을 보장해주는 것도 아니다.

그러나 결혼이 참된 사랑과 행복의 출발점이고, 성숙한 인간이 되기 위한 과정이라는 것은 분명하다. 결혼은 끝이 아니라 시작이다. 우리는 사랑하기 때문에 결혼하지만 더욱 온전히 사랑하기 위해서, 행복하기 위해서 결혼한다. 스토아철학자 안티파트로스의 말처럼 '결혼은 두 개의 영혼이 조화를 이루고 함께 더 나은 사람이 되어 가는 과정'이다. 가정을 꾸리고 아이를 낳고 키우면서 자녀들뿐 아니라 부모도 함께 성장한다. '결혼은 해도 후회, 안 해도 후회'라고 말한 소크라테스조차 두 여자(크산티페, 뮈르토)와 결혼했다.

세상에 그 어떤 일이 평생의 그리고 무조건적인 친구, 애인, 동지, 보호자를 얻는 것보다 중요하고 가슴 벅찰까? '함께 자고 함께 나는 雙宿雙飛' 부부의 모습보다 더 아름다운 것이 있을까? 그런데 그런 결혼을 포기하고 혼자 사는 사람들이 늘어간다.

왜 이런 현상이 생기는가? 도대체 무엇이 문제인가? 우리가 새삼 행복이란 무엇이고, 우리는 왜 불행한 것인지, 행복하기 위해서는 어떻게 해야 하는 것인지 원점에서부터 재검토해야 할 이유가 바로 여기에 있다.

행복은 최고의 선이다

우리는 오래 사는 것이 아니라 충분히 사는 것에 관심을 두어야 한다.

세네카

누구나 행복을 꿈꾼다

'예외 없는 원칙은 없다'고 하지만 어떠한 예외도 허용치 않는 불변의 원칙이 있다는 사실을 우리는 또한 알고 있다. 사람은 누구나 죽는다는 것, 사람은 누구나 행복을 바란다는 것이 그러한 예외 없는 원칙들에 속한다.

그렇다. 사람은 누구나 행복하기를 바란다. 행복이 무엇인지 모르는 사람도, 행복에 이르는 길을 모르는 사람도 행복하기를 바란다. 자신의 행복만이 아니라 가족, 친지, 동료, 타인의 행복도 간절히 기원한다. 삶 속에서 우리가 가장 빈번하게 주고받고 되뇌고 외치는 말이 바로 행복이다. 니체는 신은 죽었고 그 자리를 행복과 건강이 대신한다고 하였다.

그러나 과잉은 결핍의 증거이자 목마름이기도 하다. '안녕', '사랑' 같은 말이 그토록 자주 사용되는 것은 그만큼 우리의 삶이 안녕하지도, 사랑이 충만하지도 않다는 뜻과 같다. 아무도 손에 쥔 것을 염원하지는 않는다. 목마른 사람이 우물을 파고, 태평가는 난세에 울려 퍼진다. 모든 사람이 행복을 소망한다는 것은 모든 사람이 불행하다는 것에 다름 아니다. 예외 없는 행복은 예외 없는 불행으로부터 출발한다. 그러므로 행복론은 오로지 불행한 자의 행복론이다. 행복의 가장 소극적인 정의는 '불행하지 않은 것'이다.

자살하는 사람도 있지 않느냐고 반문하겠지만 스스로 목숨을 끊는 행위야말로 실은 누구나 행복을 꿈꾼다는 사실을 더욱 극명하게 반증한다. 간절한 행복의 꿈이 좌절되고 더 이상 희망이 없다고 판단할 때 사람들은 스스로 삶을 마감한다. 자살은 불행을 추구해서가 아니라 반대로 행복을 추구하기 때문에, 그리고 바로 지금 이곳에서의 삶이 더 이상 또 도저히 행복하지 않기 때문에 일어난다.

'사람은 누구나 행복을 원한다'는 매우 단순한 사실로부터 우리는 매우 중요하고 놀라운 결론에 도달하게 된다. 그것은 인간의 모든 개인적·사회적 활동의 목적, 국가와 사회의 존재이유가 바로 '행복'이며, 모든 철학과 종교와 학문의 궁극 목표가 '행복'이라는 것이다. 그런 점에서 '행복'은 세속 사회와 영적 세계를 공히 지배하는 단 하나의 절대 이념이고, '행복론'은 철학, 신학, 의학, 법학을 비롯한 온갖 학문의 제왕이다.

아리스토텔레스의 강의노트

행복한 사람은 모든 것을 가진 것이고, 행복하지 않은 사람은 아무것도 가지지 않은 것이다. 행복은 그 어떤 것과도 비교할 수 없는 최고의 선이다. 행복이 최고의 선(善)이라는 것을 처음으로 밝힌 사람은 학문의 아버지 아리스토텔레스다. 그에게 행복은 좋은 것의 좋은 것이고 목적의 목적이다. 그의 논리를 요약하면 대체로 이렇다.

인간은 좋은 것(善)을 추구하는 경향이 있다.
인간은 부와 명예와 쾌락과 지성과 미덕을 추구한다.
따라서 그것들은 좋은 것(善)이고 하나의 목적이다.
우리는 그것들을 그 자체 때문에 선택하기도 하지만 동시에 행복하기 위해서 선택한다.
그러나 그 반대는 성립하지 않는다.

부와 명예와 쾌락과 지성과 미덕을 얻기 위해 우리가 행복해야 하는 것은 아니다.

행복은 오로지 그 자체 때문에 선택하는 것이지 다른 것 때문에 선택하지 않는다.

따라서 행복은 좋은 것의 좋은 것이고 목적의 목적이다.

궁극적이고 자족적인 목적이다.

헌법 제10조

우리 헌법 제10조는 이렇게 선언하고 있다. "모든 국민은 인간으로서의 존엄과 가치를 가지며 행복을 추구할 권리를 갖는다. 국가는 개인이 가지는 불가침의 기본적 인권을 확인하고 이를 보장할 의무를 진다."

잘 알다시피 헌법은 '한 나라의 통치구조와 국민(인간)의 기본권을 규정하고 있는 최고, 근본 규범'이다. 그렇다면 통치구조는 무엇 때문에 존재하는가? 바로 국민의 기본권을 지키고 실현하기 위해서 존재한다. 통치구조와 기본권은 말 그대로 수단, 목적의 관계에 있는 것이다. 수단과 목적이 분리·전도되어, 수단이 목적을 지배하는 현상은 일종의 가치전도나 소외에 다름 아니다. 따라서 대한민국 헌법 제10조는 헌법 제1조의 자리에 있어야 마땅하다.

행복추구권을 인간의 자연법적 권리로 최초로 규정한 것은 미국독립선언(1776년)이다. 토마스 제퍼슨이 기초한 것으로 알려진 미국독립선언 중 해당 대목은 다음과 같다. 참으로 간결하고 고귀하고 가슴 뛰는 선언이 아닐 수 없다.

"우리들은 다음과 같은 사실을 자명한 진리로 인정한다. 즉 모든 인간은 평등하게 태어났고, 창조주는 양도할 수 없는 일정한 권리를 인간에게 부여했으며, 생명권과 자유권과 행복추구권은 이러한 권리에 속한다. 이 권리를 보장하기 위해 인간에 의해 정부가 조직되었으며, 정당한 정부 권력은 피치자의 동의로부터 나온다."

행복추구권이 대한민국 헌법에 규정된 것은 1980년 제5공화국 헌법에서부터다. 행복추구권은 말할 것도 없고 국민의 생명권과 자유권마저 말살한 군부정권에 의해 행복추구권이 처음 명시되었다는 것은 하나의 역설이자 희극이다.

행복추구권이 이처럼 인간의 기본권으로 선언된 것은 비교적 최근의 일인데, 이는 행복이라는 말이 갖는 추상성, 주관성, 가변성 때문이다. 그 실체가 모호하고 개인의 주관에 좌우되며 시대에 따라 변하는 것이기 때문에 오히려 권리화, 법제화가 지연되었던 것이다.

길이 많은 것은 길이 없는 것과 같다. 사막은 천지사방이 모두 길이지만 그 어느 것도 길이 아니다. 행복에 이르는 길을 아는 사람이 적은 이유도 그 때문이다. 불확실에 이르는 확실한 길이 있겠는가? 그리하여 세네카는 "모두가 행복하게 살기를 원하지만 정작 무엇이 삶을 행복하게 만드는지는 알지 못한다. 행복한 삶을 성취하기 힘든 이유는 바로 이 때문이다"고 말했고, 체호프는 "행복은 있지만 그것을 찾아낼 지혜가 없는 것이다"고 했다.

오해하지 말아야 할 것은 행복추구권은 당연히 이를 누릴 권리를 포함한다는 사실이다. pursuing happiness뿐 아니라 obtaining happiness이다. 정확히 말하면 행복할 권리, 행복권이다.

권리인가, 의무인가

행복할 권리가 단지 하나의 장식이나 프로그램(계획), 선언적 규정은 아니다. 그것은 분명 헌법적이고 실제적인 권리이며 따라서 그에 위반하는 하위의 규범이나 공권력의 작위, 부작위는 모두 헌법에 위반되고 시정되어야 한다.

그러나 행복이 다만 추상적이거나 구체적인 권리에 그치는 것일까? 인간은 그저 고립된 개인이 아니다. 우리는 모두 누군가의 자녀이자 부모이고, 형제이자 친구이며, 동료이자 구성원이다. 나의 행복은 타인의 행복의 원인이 되고 나의 불행은 타인의 불행의 원인이 된다. 행복이 단지 나만의 것이 아니라면, 내 가족, 친구, 동료, 공동체 등 타인의 행복과 직결된 것이라면 행복은 권리를 넘어 하나의 의무이기도 하다.

권리는 나를 위한 것이나 의무는 상대를 위한 것이다. 권리는 언제든 포기할 수 있지만 의무는 맘대로 포기할 수 없다. 그런 점에서 우리는 각자 서로에게 행복할 의무를 지고 있는 셈이다. 그렇다. 우리는 모두 행복할 권리와 의무를 동시에 갖고 이 땅에 태어났다. 행복할 권리가 자신을 위한 법적인 권리라면, 행복할 의무는 타인과 공동체에 대한 철학적이고 능동적인 채무이다.

인류의 가장 오래된 질문

아침에 도(道)를 들으면 저녁에 죽어도 좋다.

공자

소크라테스, 공자

불행은 오로지 인간의 불행이다. 동물에게 고통스런 실존은 있으나 불행은 없다. 신에게는 고통도 불행도 없다. 인간만이 불행을 느끼고 행복을 찾는다. 동물이지 못해서 불행하고 신이 되지 못해서 불행하다. 불행의 역사는 곧 인간의 역사이고, 행복론은 인류의 가장 오래된 질문의 하나다.

소크라테스가 행복에 대해 직접적으로 언명한 것인지는 분명치 않다. 다만 "유일하게 좋은 것 한 가지는 지식이고, 유일하게 나쁜 것 한 가지는 무지"라고 했던 그의 말을 통해 그가 지식(지혜)을 행복의 가장 중요한 요소로 보았다는 것을 알 수 있다. 그에게 지식(지혜)이란 '아름답고 선한 것을 알고 이를 실행하는 것'이며, 따라서 '정의를 비롯한 그 밖의 모든 덕(德)은 결국 지식(지혜)'으로 귀결된다. 왜냐하면 '정의나 그 밖의 모든 덕은 아름답고 선한 것이고 이를 알고 실천하는 것이 지식'이기 때문이다.

그와 거의 동시대에 동양에서는 공자가 살고 있었다. 공자와 소크라테스의 유사성에 대해서는 별도의 연구가 필요할 정도다. 공자의 언행은 〈논어〉에 잘 나타나 있는데 논어를 단 한 마디로 요약하면 '학(學)'이라고 할 수 있다. 논어 제1편 1장은 우리 모두가 잘 아는 다음 말로 시작된다.

"배우고 때로 익히면 또한 기쁘지 아니한가!"

그는 "아침에 도를 들으면 저녁에 죽어도 좋다"고 말했는데 이 말이야말로 그의 인생관, 행복관을 가장 잘 보여주는 것이다. 끊임없는 배움, 진리의 추구, 더 나은 사람이 되는 것이 바로 행복이라고 본 것이다.

공자의 뛰어난 점은 그의 배움과 수양이 고립·자족적인 것이 아니라 안인(安人)을 지향한다는 것이다. 수기(修己)는 안인을 위한 것이고 안인은 수기를 전제로 한다. 수기와 안인에 완성이 없으므로 수기하면서 안인하고 안인하면서 수기하는 것이다. 공자에 대한 더 자세한 이야기는 졸저 〈논어에 반하다〉를 참조하시라.

두 사람 모두 지식(혜)의 출발은 '부지(不知)의 인식'에 있다고 보았다. '아는 것을 안다고 하고, 모르는 것을 모른다고 하는 것' '자신이 모른다는 것을 아는 것'이 곧 지식(혜)이고, 지식(혜)의 출발이라는 것이다.

견유학파

안티스테네스, 디오게네스 등으로 대표되는 견유학파를 철학의 한 부류로 볼 수 있는지는 의문이다. 그들이 남긴 것은 책이 아니라 주로 기행(奇行)들이고, 따라서 철학이 아니라 삶의 방식으로 보는 견해도 있다. 그러나 삶과 동떨어진 철학이 존재할 수 없음을 생각하면 처음부터 무의미한 구별이기도 하다.

그들이 견유(犬儒)학파로 불리게 된 것은 그들의 생활방식이나 행동거지가 '개'와 다를 바 없었기 때문이다. 집 없이 '움막'이나 '항아리' 속에서 살았고, 가진 것이라곤 지팡이와 바랑뿐이었으며, 구걸을 하며 생활했다. 윗옷을 두 벌 겹쳐 입었는데, 한 벌은 옷이고 나머지 한 벌은 이불이자, 식탁보, 방석이었다. 신전에서 밥을 먹고, 광장에서 자위와 성행위를 하기도 했다. 플라톤은 디오게네스를 '개' 또는 '미친 소크라테스'라고 불렀다.

타인의 시선이나 사회적 인습에 개의치 않는 '부끄러움을 모르는 삶의 태도'를 강조했고, 무소유와 자족(自足)을 추구했다.

그들이 파격적인 행동과 과장된 퍼포먼스를 통해 진정 말하고자 한 것은 '덕'과 '자유'였으며, 이는 후대 스토아학파에 중대한 영향을 미친다. 그러나 덕은 사회적 요소(평가)를 떠나서 생각할 수 없고, 가난(구걸)은 그 자체로 부자유를 초래한다는 점에서 모순이다. 부끄러움을 아는 것이야말로 인간 고유의 본성이고 덕의 뿌리이다.

플라톤, 아리스토텔레스

행복에 있어서 덕(德)의 의미를 강조한 것은 플라톤이다. 그는 좋은 것들에는 세 종류가 있다고 보았다. 영혼에 있는 좋은 것, 육체에 있는 좋은 것, 외부에 있는 좋은 것. 영혼에 있는 좋은 것은 지혜(현명함), 정의, 용기, 절제이고, 육체에 있는 좋은 것은 미모, 활기, 건강, 힘이며, 외부에 있는 좋은 것은 친구들, 나라의 번영, 명성, 부이다.

그 중에서 영혼에 있는 좋은 것이 가장 좋은 것이고, 행복에 있어서도 본질적이라고 생각했다. 인간은 영혼을 가진 존재이고 따라서 본성(영혼)에 맞게 사는 것이 가장 좋기 때문이다. 그가 강조한 지혜, 용기, 절제, 정의를 이른바 플라톤의 4주덕(四主德)이라고 부른다.

행복에 관한 본격적인 그리고 가장 깊고 종합적인 사유를 밝힌 사람은 플라톤의 제자 아리스토텔레스다. 학문의 아버지일 뿐 아니라 행복론의 아버지이다. 이후의 모든 행복론은 아리스토텔레스 행복론의 변주라고 할 수 있다.

아리스토텔레스는 그의 〈니코마코스 윤리학〉에서 '행복이란 혼의 모종의 유덕(有德)한 활동'이라고 뚜렷이 정의했다. 〈에우데모스 윤리학〉에서는 '완전한 덕에 따른 완전한 삶의 실현', '잘 그리고 아름답게 사는 것', '훌륭한 삶'이라는 다른 표현도 등장한다. 쉽게 말하면 '이성에 따른 미덕(美德)의 실천이 곧 행복'이라는 말이다. 그가 행복을 '활동'이라고 정의한 것을 기억해두자.

그는 인간의 고유한 본성인 이성(혼)으로부터 행복의 근원을 찾았고, 사회적 동물인 인간은 미덕의 실천을 통해 궁극적 행복에 이를 수 있다고 보았다. 그가 거론하는 미덕은 올바름, 용기, 절제, 통큼, 호방함, 후함, 온유함, 실천적 지혜, 사변적 지혜 등이다.

에피쿠로스

철학사에서 에피쿠로스만큼 논쟁적인 인물도 없다. 한편에서는 "지나친 식도락으로 하루에 두 번 토했다"고 하고, 한편에서는 "매우 간소하고 검소한 삶을 살았다"고 한다. 그에 따르면 '행복의 원천, 인생의 목적은 바로 쾌락'이다.

그러나 그의 쾌락은 결코 향락이 아니다. 그의 쾌락(행복)과 향락은 하늘과 땅, 자유와 예속만큼의 차이가 있다. 에피쿠로스는 '행복의 유일한 원천은 쾌락이고, 참된 쾌락(아타락시아)은 내면의 평정'이라고 하였다. 향락이 아니라 오히려 절제를 강조했고, 참되고 지속적인 쾌락은 내면의 평정과 고요에 있다고 본 것이다.

그의 목소리를 직접 들어보자.

"쾌락이 인생의 목적이라고 우리가 말할 때, 무지하거나 우리의 견해에 동의하지 않거나 오해하는 일부 사람들의 생각처럼 방탕한 자의 쾌락을 말한다거나 관능적 향락에서 주어지는 쾌락을 말하는 게 아니라, 몸에 괴로움도 없고 영혼에 동요도 없는 상태를 말한다. 유쾌한 삶을 낳는 것은 계속해서 술판을 벌이고 흥청거리는 데 있지 않으며, 소년이나 여인들과의 성적 교제를 즐기는 데 있는 것도 아니며, 생선이나 그 밖에 사치스러운 식탁의 진미를 즐기는 데 있는 것도 아니기 때문이다."

그러나 내면의 평정, 영혼의 평온은 필연적으로 소란스러운 세상과의 단절을 요구하고 사회적 고립을 초래한다. 내면의 평정을 위해서는 많은 일을 하지 않고 많은 관계를 만들지 않는 것이 유리하기 때문이다. 에피쿠로스 자신도 "가장 순수한 안전은 많은 사람들로부터 벗어난 평온함과 은거에 의해 달성된다"고 말한다. 그들은 실제로 은둔의 고립공동체를 형성하여 함께 정원을 가꾸며 살았고 그 때문에 '정원(庭園)학파'라고 불린다.

스토아학파

제논, 키케로, 세네카, 에픽테토스, 마르쿠스 아우렐리우스와 같은 스토아철학자들은 '행운이나 고통에 좌우되지 않은 부동심(不動心), 달관이 행복의 본질'이라고 생각했다. 행운과 고통은 외부적, 우연적이고, 개인이 통제할 수 있는 것은 오로지 자기 자신이므로 부동심, 초연함만이 행복의 길이며, 덕성과 사회적 의무의 실천이 중요하다고 보았다.

그들이 부동심(아파테이아)을 강조한 것은 에피쿠로스학파와 다르지 않으나 미덕의 실천, 공익에의 봉사, 의무의 수행을 강조한 것은 차이가 있다. 스토아 학자들 대부분이 원로원 의원, 장군, 집정관, 외교관, 황제, 황제의 측근 등으로 현실정치에 적극 참여한 이유도 그 때문이다. 에피쿠로스학파와 스토아학파의 중요한 차이는 이처럼 사회참여에 대한 태도에 있으며 따라서 전자는 '소극적 평정'을, 후자는 '적극적 평정'을 지향한 것이라고 할 수 있다.

스토아학파는 상인과 노예와 황제를 포괄하는 철학이다. 스토아학파의 창시자 제논은 본래 상인이었는데 화물(뿔고둥)을 실은 배가 난파되는 재난을 당한 후 철학에 입문한다. 그가 주로 아테네의 (채색)주랑(stoa, 벽이 없이 기둥과 지붕으로 된 건축물)에서 거닐며 강의를 했던 것에서 연유하여 '스토아학파'라는 이름이 붙게 되었다.

에픽테토스가 자유(리베르타)를 강조한 것은 그가 노예출신이라는 사실을 생각하면 어쩌면 당연한 일이다. 그의 이름은 헬라어로 '획득된'이라는 뜻이며, 그가 장애인(절름발이)이 된 것도 노예생활과 관련이 있다. 그는 자유가 곧 행복이고, 자유로운 자만이 진정 행복할 수 있다고 보았다. 그러나 그가 말한 자유는 단지 법적, 신분적 자유만을 말하는 것이 아니다. 욕망, 집착, 성격, 환경, 불행, 우연 등 모든 속박으로부터의 자유를 말하는 것이고, 오히려 외적인 자유보다 내적인 자유를 중시하였다. 진정한 자유를 위해서는 나에게 달려 있는 것과 그렇지 않은 것을 구별하는 지혜와 욕망을 줄이고 통제하는 능력인 절제, 그리고 고통을 견디는 힘인 인내가 중요하다고 보았다.

후기 스토아 철학자인 마르쿠스 아우렐리우스는 로마제국 제16대 황제다. 그는 전쟁이 만연하고 질병(페스트)이 창궐하던 시대를 살았고,

전투가 계속되는 진중에서 성찰의 기록 〈명상록〉을 짓는다. 이제 스토아철학은 명실공히 시민(상인)과 노예와 황제를 포괄하는 철학이 되었고, 고통뿐만 아니라 행운에 대해서도 초연할 것을 요구하게 되었다.

공리주의

제레미 벤담은 에피쿠로스의 계승자다. 그에게 쾌락은 선이고 고통은 악이다. 쾌락은 좋은 것이고, 고통은 나쁜 것이다. 옳고 그름을 판단하는 기준은 오로지 쾌락이고, 쾌락의 양이다. 행복이란 '쾌락의 최대화이고, 고통의 최소화'이다.

그의 쾌락주의가 에피쿠로스와 다른 점은 그것이 개인적 차원을 넘어 공동체로 확대된다는 점이다. 사회화된 쾌락주의, 이른바 공리주의다. 더 많은 사람에게 쾌락을 주는 행위가 좋고 옳은 것이며, 도덕적·윤리적 행위란 최대다수의 최대행복을 지향한다는 것이다.

그러나 '(양적으로) 더 많은 쾌락이 행복'이라는 벤담의 생각은 반박에 부딪힐 수밖에 없었다. 그의 열렬한 지지자였던 존 스튜어트 밀은 "만족한 돼지보다는 ― 불만족한 소크라테스가 더 낫다"는 말로 벤담의 양적 쾌락주의를 신랄히 비판하였다.

밀의 지적은 단지 '인간(소크라테스)이 동물(돼지)보다 낫다'는 당연한 의미가 아니다. 쾌락에는 여러 종류가 있고, 인간적인 쾌락(이성적이고 도덕적인 쾌락)이 동물적인 쾌락(육체적이고 본능적인 쾌락)보다 우월하며, 따라서 쾌락의 양뿐만 아니라 질이 중요하다고 강조한 것이다.

몸의 쾌락과 영혼의 쾌락, 동물적 쾌락과 인간적 쾌락 중 무엇이 우월한가는 사실 오랜 논쟁의 주제였고, 대부분의 철학자들은 후자에

방점을 두었다. 후자가 인간 고유의 본성에 맞고 지속적이며 타인이나 공동체에 유익하다는 이유 때문이다.

윤회, 영생

행복의 길을 찾는 인간의 노력이 단지 철학에만 그쳤던 것은 아니다. 인류는 유한한 삶, 필멸성의 한계를 뛰어넘어 영원한 삶과 행복을 꿈꾸게 되었고, 이는 다양한 종교적 활동으로 나타났다. 종교적 행복관의 본질은 영생(永生), 또는 절대자와의 동화(同和)이다.

불가의 핵심사상은 윤회다. 윤회란 수레바퀴처럼 돌고 도는 것이다. 인간이 자신이 지은 업(業)에 따라 육도(六道)의 세상(지옥도, 아귀도, 축생도, 아수라도, 인도, 천도)에서 태어나고 죽기를 반복한다는 세계관이다.

불가는 오늘 우리의 삶은 과거에 우리가 쌓은 업의 결과이고, 내세에 어떤 삶을 살 것인가는 오늘 우리가 어떤 업을 짓느냐에 달려 있다고 본다. 행복과 불행은 오로지 자기에게 달려 있고, 자기 행동의 당연한 결과라는 것이다. 따라서 행복하기 위해서는 (업의 결과인) 오늘의 현실을 수긍하고 내일의 행복을 위한 원인(善業)을 짓는 것이 중요하다.

특히 그들은 인간의 욕망을 고통의 주된 원인으로 보고 욕망의 제거에서 행복의 길을 찾았다. '탐욕과 성냄과 어리석음, 세 가지 번뇌가 해로운 것이 마치 독약과 같고, 삼독(3毒)을 제거하면 고통에서 해방되고 열반의 경지에 이른다'고 보았다.

기독교의 가장 중요한 메시지는 '영생'이다. '영생'이야말로 종교와 철학이 나뉘는 분기점이고, 기독교의 존재이유이다. '영생'이 없다면 종교도 없고, 기독교도 없다. 기독교의 영생관은 대체로 이와 같다.

> 영생은 하느님의 약속이고 은총이다. 따라서 누구라도 성경의 진리를 좇아 예수 그리스도를 믿기만 하면 영생을 얻는다.
> 영생은 단지 죽지 않는 것이 아니라 죄와 사망으로부터의 구원이고, 자유, 기쁨이다. 영생은 하느님과의 영원한 관계 속으로 들어가는 것이고, 새로운 생명으로 거듭나는 것이다. 영생은 예수 그리스도를 믿으면 시작되고 세상 마지막 날에 완성된다. 영생의 증거는 예수의 부활이다.

기독교에 따르면 '행복은 신과의 만남이며, 현세에서 시작되어 내세에서 완성되는 영원한 기쁨'이다. 그들이 지상에서의 행복을 불완전하고 부분적인 것으로 여기는 것은 사실이다. 그러나 기독교의 이러한 내세중심적 행복관은 역설적으로 현실의 고통을 견디는 힘을 주고, 예수의 가르침인 사랑의 실천, 영혼의 평화를 통해 현세의 행복에 기여한다.

행복에 이르는 길

지금까지 우리는 행복의 길을 찾기 위한 인류의 여러 철학적, 종교적 노력들을 간략히 살펴보았다. 그 결론을 요약하면 대략 다음 다섯 단어로 표현할 수 있을 것이다. 지식(앎), 덕, 쾌락, 자유, 영생.

그렇다. 행복의 길은 지식의 추구에 있거나 덕의 추구에 있거나 쾌락의 추구에 있거나 자유의 추구에 있거나 영생의 추구에 있다. 행복은 그 중 하나이거나 여럿이거나, 전부이거나 초월일 수도 있다.

혹여 '어떻게 지식이 행복일 수 있는가' 의아한 사람이 있다면 '유레카!'를 외치며 알몸인 채 거리로 뛰쳐나간 아리키메데스를 상기해보라. 인간은 무엇보다 호기심의 동물이다. 창세기의 아담과 하와(이브) 이야기는 지식욕이 인간의 기본적이고 원초적인 욕망이라는 것을 단적으로 보여준다. 그들이 하느님의 명령을 어기고 금단의 지식(선악)과 맞바꾼 것은 다름 아닌 '낙원(에덴동산)'과 '영생'이었다.

흥미로운 것은 이러한 인류의 성찰들이 인생의 경로와도 매우 닮았다는 것이다. 우리는 어려서는 세계를 이해(지식)하기 위해 노력하고, 나이가 들어서는 어떻게 살 것인가(덕, 쾌락, 자유)를 고민하며, 늙어서는 존재의 목적과 삶의 의미(영생)를 생각한다.

행복의 제1요소

선한 행동은 그 자체로 즐거운 것이며, 정의를 사랑하는 사람, 덕이 있는 사람은 그들의 삶 속에 쾌락을 내포하고 있어서 따로 쾌락이라는 장신구가 필요 없다.

아리스토텔레스

행복의 비밀, 덕

고대철학자들이 행복의 제1요소로 꼽은 것은 바로 '덕'이다. 덕의 추구, 미덕의 실천, 유덕한 삶에 행복의 본질이 있다고 본 것이다. 그들에게 덕은 행복의 문을 여는 가장 중요한 열쇠이다. '행복하고 싶은가? 그렇다면 덕을 실천하라'는 것이 그들의 결론이다.

'덕의 1차성'을 넘어 '덕의 자족성(自足性)'을 주장하는 이들도 없지 않았다. '행복을 위해서는 오로지 덕 하나로 충분하다'는 것이다. 견유학파나 그 뒤를 잇는 스토아학파가 그런 경향을 드러낸다. 견유학파는 '행복을 위해서는 덕(德) 하나로 충분하며, 덕은 행동에서 나오고, 말과 배움은 필요 없다'고 보았다. 스토아학파의 주장을 한마디로 요약하면 '나의 주인은 나요, 덕 이외의 다른 모든 것에 무심하라'는 것이다. '미덕을 갖춘 자만이 유일하게 부자이고 미인이고 왕'이라고 한다.

그에 비해 플라톤이나 아리스토텔레스 같은 사람들은 현실적인 태도를 보인다. 행복에 있어 덕이 가장 중요한 것은 사실이나, 덕 하나로는 완전하지 않고 다른 수단적 요소가 부가될 필요가 있다고 본 것이다.

플라톤은 "행복은 다섯 가지 부분으로 나뉜다. 그 중 첫 번째는 현명함이고 두 번째는 예민한 감각과 육신의 건강이며, 세 번째는 일하는 데 따른 성공이고, 네 번째는 사람들로부터 받는 명성이며, 다섯 번째는 재물과 삶에 이로운 것들의 풍족함이다. —이 모든 것이 갖추어진 사람은 완벽하게 행복하다"고 말한다.

어느 견해를 취하든 그들 모두가 동의하는 것이 있다. 덕이 행복의 전부는 아니라 할지라도 최소한 덕 없이는 행복할 수가 없다는 것이다.

덕이란 무엇인가

그렇다면 덕이란 무엇인가? 덕이 무엇인지 알아야 덕을 실천하며 행복하게 살 수 있을 것이 아닌가?

덕이란 '영혼에 있는 좋은 것들'이고, '그 자체로 선하고 아름다운 것들'을 말한다. 플라톤은 그런 덕 들 중에서 주요한 것 네 가지(지혜, 정의, 용기, 절제)를 강조했는데, 그에 따르면 '지혜(분별, 현명함)란 사안을 옳게 처리하는 원인이고, 정의란 공동체와 거래에서 바르게 행동하는 원인이고, 용기는 위험과 공포의 상황에서 할 일을 중단하지 않고 고수하는 것의 원인이고, 절제는 욕구들을 억제하고 무엇에 의해서도 즐거움의 노예가 되지 않고 절도 있게 사는 것의 원인'이다.

그렇다면 그러한 덕들은 본질적으로 같은 것일까, 다른 것일까? 하나일까, 여러 개일까? 만약 덕들이 본질적으로 하나이고 같은 것이라면 하나의 덕을 가진 사람은 모든 덕을 겸유한 사람이 될 것이고, 행복이란 결국 하나의 덕을 실현하는 삶이 될 것이다.

소크라테스는 모든 덕은 지식(지혜)으로 귀결된다고 하였고, 스토아학파도 '한 가지 덕을 가진 사람은 모든 덕을 갖는다'고 보았다. 형식적으로는 여러 가지 덕들(지혜, 정의, 용기, 절제 등)로 보이지만 모두 '성찰'이 공통되기 때문이라는 것이다. 결국 스토아학파에 따르면 참다운 덕은 '성찰' 한 가지인 셈이다.

반면, 아리스토텔레스는 '덕은 별개이고 서로 동반하지 않는다'고 보았다. 이유는 간단하다. '슬기로운 사람이 반드시 정의롭거나 절제력이 있지는 않기 때문'이다.

덕이 당연히 서로를 포함하고 수반하는 것이라면 덕이 여러 가지

일 이유가 없다. 덕은 각기 서로 다른 색깔과 내용을 가지고 있다. 따라서 후자의 견해가 더 설득력이 있다. 용기가 덕의 하나인 이유도 그 때문이다. 본래 지혜(분별), 절제, 정의는 그 자체로 덕으로 평가될 수 있으나 용기는 성격이나 기질에 가까운 것이다. 그럼에도 용기가 덕의 하나인 이유는 무엇인가? 다른 덕과 결합하여 그 덕을 참다운 덕이게 하기 때문이다. 지혜와 절제, 정의를 위해서도 용기가 필요한 것이다. 지혜는 금기를 넘는 데 있고, 정의는 위험을 동반하며, 절제는 결단을 요구한다. 아리스토텔레스는 "용기 또한 일종의 덕으로서 무언가를 위해 두려운 것들을 견디게 만든다"고 말한다.

행복은 '활동'이다

행복이 단지 '감정'이나 '마음가짐'을 넘어 '행동'인 이유도 '덕'과 관련이 있다. 아리스토텔레스가 행복이란 '혼의 모종의 유덕한 활동'이라고 정의한 것을 기억하는가? 덕은 본질적으로 '행위'이다. '영혼에 있는 좋은 것의 외화(外化)'이고, '그 자체로 아름답고 선한 행동'이다. 행위가 없다면 유덕자(有德者)와 무덕자(無德者)의 차이가 없고, 그들을 구별할 수도 없다. 한마디로 행위가 없다면 유덕도 없고, 무덕도 없다.

'안다'는 말은 다양한 의미와 농도를 가지고 있다. 어떤 사람을 안다고 할 때 그냥 이름만 알고 있어도 아는 것이고, 몇 번 만난 사람도 아는 것이고, 매우 친밀하고 가까운 사이도 역시 아는 것이다.

'진리를 안다' '덕을 안다'는 것도 마찬가지다. '안다'는 것은 인식(지식), 의지, 그리고 실천을 포괄한다. 인식(지식)만 가지고 있는 경우도 '안다'고 하고, 의지를 가지고 있는 경우도 '안다'고 하고, 실천하는 경우도 '안다'고 한다. 따라서 앎을 기준으로 사람을 5단계로 구분하면 다음과 같이 말할 수 있다.

1단계 모르는 사람(인식이 없는 사람)
2단계 애매한 사람(인식이 있는지 없는지 불명확한 사람, 잠을 자거나 술에 취하거나 미친 사람)
3단계 아는 사람(인식이 있는 사람)
4단계 아는 사람(의지가 있는 사람)
5단계 아는 사람(실천하는 사람)

위 5단계의 사람 사이에 근본적인 경계선은 어디에 있는가? 1,2단계 사이인가, 2,3단계 사이인가, 3,4단계 사이인가, 4,5단계 사이인가?

물론 모르는 것과 아는 것, 인식과 의지는 큰 차이가 있다. 그러나 행동(실천)이 없으면 모르는 사람과 아는 사람을 구별할 수 없고, 모르는 사람과 아는 사람의 차이도 없다. 차이와 변화를 일으킬 수 있는 것, 평가될 수 있는 것은 오로지 행동뿐이다. 최고의 앎은 실천(행동)하는 것이고, 또한 실천을 통해 진정한 앎에 도달한다. 4,5단계 사이가 결정적 경계이다.

아리스토텔레스는 말한다. "월계관을 쓰는 자는 승리자이지 승리할 수 있는 능력을 가졌으나 승리하지 못한 자가 아니다." "(우리는) 건강함이 무엇인지를 인식하기보다는 오히려 건강하기를 바라고, 좋은 체력이 무엇인지를 인식하기보다는 오히려 좋은 체력을 가지기를 바란다."

우리는 살면서 이미 많은 것을 알고 있다. 효도와 우애와 선행을 알고 있고, 참된 행복이 사랑의 실천에 있음도 알고 있다. 그러나 인식이 의지로, 의지가 행동으로 옮겨지는 것은 쉽지 않다. 생각은 자유지만 행동은 힘이 들기 때문이다. 관심과 노력, 시간과 비용이 소요되기 때문이다. 사람은 행동으로 나아갈 때 가장 큰 에너지가 필요하다.

쾌락과 고통

이 세계에는 우리에게 달려 있는 것도 있고, 우리에게 달려있지 않은 것도 있다.

에픽테토스

쾌락과 고통

　행복을 이해하는 두 번째 열쇠는 쾌락과 고통이다. 서양철학의 전통(아리스토텔레스, 에피쿠로스, 제레미 벤담, 존 스튜어트 밀 등)은 행복을 크게 쾌락과 고통이라는 두 가지 요소를 중심으로 설명한다. 쾌락이라는 단어가 자꾸 퇴폐와 향락을 연상케 한다면 쾌락이라는 단어 대신 즐거움이라는 단어로 대체해도 크게 무리는 없다. 그들은 말한다.

　인간은 좋은 것(善)을 추구하고 나쁜 것(惡)을 피한다.
　인간은 쾌락을 추구하고 고통을 피한다.
　따라서 쾌락은 좋은 것이고 고통은 나쁜 것이다.
　행복은 좋은 것(쾌락)을 최대화하고 나쁜 것(고통)을 최소화하는 것이다.
　그러나 모든 쾌락이 선택되고 모든 고통이 회피되는 것은 아니다.
　선택과 회피의 기준은 좋은 것(쾌락)과 나쁜 것(고통)의 이익형량(강도, 확실성, 근접성, 순수성, 지속성, 생산성, 범위)이다.
　쾌락은 여러 종류가 있고, 인간 본성에 맞는 쾌락이야말로 최고의 쾌락이다.
　인간은 이성적, 사회적 동물이고 따라서 최고의 쾌락은 이성적인 미덕의 실천이다.
　개인 행복(쾌락)의 한계는 공동체 전체의 행복이다.

　그들에 따르면 쾌락은 있고 고통이 없는 것이 행복이며, 반대로 쾌락은 없고 고통만 있는 것이 불행이다. 고통과 쾌락은 동전의 양면과 같아서 고통의 해소가 곧 쾌락이고, 쾌락의 부재는 곧 고통이다.

그러나 고통이 전무하거나 쾌락이 전무한 것은 천국과 지옥만큼이나 비현실적이다. 현실세계는 언제나 천국과 지옥 그 사이 어디쯤이다. 문제는 비율이고 양일 수밖에 없다. 따라서 행복이란 고통은 줄이고 즐거움은 늘리는 것이다. 고통이 적고 즐거움이 많은 삶이 행복한 삶이다.

간단한 행복의 법칙

쾌락과 고통법칙은 단순하지만 여전히 유효하고 강력한 행복의 열쇠이다. 쾌락(즐거움)과 고통의 두 요소를 중심으로 삶 속에서 실천할 수 있는 간단한 행복의 방법을 생각해보자. 앞서 우리는 행복이란 고통은 줄이고 즐거움은 늘리는 일이라고 했다. 어떻게 하면 생활 속에서 고통은 줄이고 즐거움은 늘릴 수 있을까?

세상 모든 일에는 순서와 방법이 있다. 일처리가 순리에 맞으면 일하기도 편하고 결과도 좋지만 그렇지 못하면 힘은 힘대로 들고 결과도 좋지 않다. 여기 큰 돌과 작은 돌, 모래와 흙이 있다고 하자. 이것들을 모두 한 항아리에 담으려면 어떻게 해야 할까? 큰 것부터 집어넣어야 한다. 대체로 크고 중요한 것부터 처리하는 것이 일처리의 요체다. 말을 수레 뒤에 두면 그냥 수레와 말일 뿐이다. 말을 수레 앞에 세워야 마차가 된다.

그렇다면 하루를 행복하게 사는 방법은 무엇일까? '해야 할 일'이 있고, '하고 싶은 일'이 있다고 하자. 그렇다면 '해야 할 일'을 먼저 하고 '하고 싶은 일'을 나중에 하는 것이다. '하고 싶은 일'을 먼저 하면 '해야 할 일'에 대한 부담 때문에 그 즐거움이 반감된다. '하고 싶은 일'

을 할 때 누리는 행복감을 온전히 누릴 수가 없는 것이다. 반면 '해야 할 일'을 먼저 하면 '하고 싶은 일'에 대한 기대 때문에 그 고통이 반감된다. 결과적으로 고통은 적어지고 즐거움은 커지니 하루하루가 행복해진다. 행복은 다른 것이 아니다. 일의 순서를 잘 조정하는 것이다. 하루의 마지막을 하고 싶은 일을 하면서 보내는 자는 행복하다.

평정심의 가치

'골프와 자식은 마음대로 안 된다'고 한다. 그러나 그런 사람이 있다면 진실로 행복한 사람일 것이다. 어디 골프와 자식뿐이겠는가? 배우자는, 부모는, 친구는, 동료는, 사업은, 세상일은 내 맘대로 되는가? 어찌 보면 내 맘대로 되는 것은 자기 자신뿐이다. 아니 엄밀히 따지면 자기 자신도 제 맘대로 통제가 안 된다. 내 성격과 감정과 본능과 욕구는 스스로 능히 제어할 수 있는가?

누구나 고통의 해소와 소망의 성취를 바라지만 내 마음대로 되지 않는 게 삶이다. 여기에 자기수양, 내면의 평정이 차지하는 가치가 있다. 서로 정반대 입장에 있는 것처럼 보이는 쾌락주의자(에피쿠로스학파)와 금욕주의자(스토아학파)가 공히 내면의 평온, 초연함, 부동심을 강조한 것은 진리의 보편성을 보여주는 뚜렷한 사례이다.

운명의 수레바퀴는 내 의지대로 굴러가지 않는다. 불행과 행운은 내 뜻대로 되지 않는다. 다만 내 뜻대로 할 수 있는 것은 닥쳐오는 불행과 행운에 요동치지 않는 나의 마음이다. 말하자면 면역력을 키워 행운과 불운이라는 바이러스의 침투를 견디고 물리치는 것이다. 큰 배는 작은 물결에 출렁이지 않는다. 평정심은 고매하고 의연하게 운명에 대

처할 수 있게 하는 커다란 힘이다.

그렇다면 평정심을 유지할 수 있는 방법은 무엇인가? '행복한 무신론자는 없다'는 말이 있다. 영혼의 평온, 두려움의 극복에는 종교의 힘이 큰 도움이 되는 것이 사실이다. 아리스토텔레스는 "말도 새도 물고기도 행복한 존재가 아닐 뿐더러 존재하는 것들 가운데 본성적으로 어떤 신성(神性)에 참여하지 않는 다른 어떤 것도 행복하지 않다"고 말한다.

비종교인이라면 이런 방법도 생각해볼 수 있다. 내가 통제할 수 있는 것과 없는 것을 구별하고 전자에 집중하고 후자에는 담담하도록 노력하는 것이다. 말하자면 이렇게 생각해보는 것이다.

나는 나를 통제할 뿐 상대의 반응이나 결정을 통제할 수는 없다.
나는 과정을 지배할 뿐 결과를 지배할 수는 없다.
나는 최선을 다할 뿐 최고가 될 수 있는 것은 아니다.
세상에는 내 노력으로 바뀔 수 있는 문제가 있고 내 힘으로는 어쩔 수 없는 문제도 있다.
비난과 칭찬은 타인의 몫이고 옳고 그름만이 내 몫이다.
불운도 나름의 의미가 있다. 불운은 사람의 영혼을 정화하고 단련한다.

기억하라. 지혜란 할 수 있는 것과 없는 것, 나에게 달린 것과 그렇지 않은 것, 중요한 것과 사소한 것을 구분하는 것이다. 그리고 사람은 지혜로운 만큼 자유롭고 행복하다.

소송의 경우

변호사 이야기로 돌아가 보자. 변호사들은 송무(訟務)를 주업으로 하는 사람들이다. 다른 일도 마찬가지겠지만 소송도 결국 과정과 결과로 이루어져 있다. 과정이란 변호사와 의뢰인간의 소통, 협력, 신뢰관계를 말하고, 결과란 소송의 목적, 즉 승소하는 것을 말한다. 과정과 결과의 조합으로 소송사건을 분류하면 대체로 다음 4가지이다.

과정	결과	결론
좋음	좋음	최선
나쁨	좋음	차선
좋음	나쁨	차악
나쁨	나쁨	최악

표에서 보는 것처럼 과정도 좋고 결과도 좋은 것이 최선이다. 당사자에겐 기쁨이요, 변호사에겐 보람이다. 과정은 별로지만 결과가 좋은 것은 차선쯤 된다. 당사자로서는 아무래도 결과가 더 사활적이고 중요하다. 과정은 좋았지만 결과가 나쁜 것은 차악이다. 받아들이기 힘들지만 열심히 노력한 것을 알기에 참고 견딘다. 과정도 나쁘고 결과도 나쁘면 그야말로 최악이다. 온갖 불만이 쏟아지고 심한 경우 욕설과 시위로 이어지기도 한다.

지기 위해 소송하는 사람은 없다. 당사자든 변호사든 누구나 소송에서 승리하기를 바란다. 그러나 승자가 있으면 패자가 있기 마련이다. 절반이 승리하면 절반은 패배한다. 소송의 승패는 오로지 나에게 달려 있는 것이 아니다. 사건 자체의 성격이 있고, 증거 관계가 있고, 법리가 있고, 판례가 있다. 이길 싸움은 이기고 질 싸움은 지는 것이 정의일

수도 있다. 내가 지배할 수 있는 것은 순전히 과정이다. 소통하고 협력하고 신뢰하고 노력하는 것이다.

서초동 서울변호사회관 앞에는 고(故) 조영래 변호사의 흉상이 있고, 다음과 같은 그의 일기가 새겨져 있다.

어떤 경우에라도 친절한 자세를 흩뜨리지 않도록, 어떤 경우에도 조금이라도 권력을 가진 자의 우월감을 나타내거나 상대방을 위축시키거나 비굴하게 만드는 일이 없도록.

다른 것은 다 못하더라도 이것만 해낼 수 있다면 더 이상 좋을 수가 없겠다. 만약 친절히 해서 일이 안 된다는 것을 내가 마침내 승인하게 되는 일이 만의 일이라도 생긴다면 그것은 나에게 더할 수 없는 심대한 패배가 될 것이다.

사람을 사람으로 대접하지 않아도 좋다고 한다면, 혹은 사람을 사람으로 대접해서는 안 된다고 한다면, 인간성에 거는 우리의 모든 신뢰와 희망은 대체 어떻게 될 것인가.

행복은 당연하지 않다

어린아이들의 말다툼과 유희, 그리고 시체를 짊어지고 다니는 가엾은 영혼-이것이 바로 인생이다.

마르쿠스 아우렐리우스

불행의 근원

행복과 불행은 동전의 앞뒤, 손바닥과 손등, 저울이나 시소 같은 것이다. 둘이면서 하나요, 하나면서 둘이다. 서로 대립하면서 의존한다. 행복하지 않은 것이 불행이고, 불행하지 않은 것이 행복이다. 행복이 커지면 불행이 작아지고 불행이 커지면 행복이 작아진다.

그러나 행복이 없으면 불행도 없고, 불행이 없으면 행복도 없다. 행복 속에도 불행이 있고 불행 속에도 행복이 있다. 행복이 불행으로 바뀌고 불행이 행복으로 바뀐다. 완전한 행복이나 완전한 불행이 아니라 행복과 불행이 각기 농도를 달리하여 섞이고 교차하는 것이 삶이다. 때로는 동일한 실체와 상태를 부르는 서로 다른 이름이고, 가치평가다.

그럼에도 행복과 불행을 대하는 우리의 태도는 사뭇 다르다. 우리는 불행을 당연하게 여기지 않는다. 매우 예외적이고 특수하며 고통스러운 것으로 여긴다. 반면 행복은 마땅히 누려야 할 당연한 것으로 생각한다. 그러나 불행이 당연하지 않다면 행복 또한 당연하지 않다. 불행이 일반적이지 않다면 행복 또한 일반적이지 않다.

행복을 간절히 바라지만 행복이 쉽게 찾아오지 않는 이유는 무엇일까? 도대체 인간이란 존재는 무엇이고 삶이란 어떤 것이기에 우리는 불행에서 벗어나기가 어려운 걸까?

유한한 생명

인간은 유한한 생명체이다. 어느 날 아무런 영문도 모른 채 낯선 세상에 툭 던져진다. 쇼펜하우어의 말에 빗대면 '판결 이유도 없이 삶을 선고받은 것'이다. 그리고는 인생의 대부분을 자립과 생존, 그리고 유보된 삶의 이유를 찾는 데 보낸다. 그리하여 어렴풋이 인생의 의미를 깨닫고 노고에서 벗어날 때쯤이면 어느덧 늙고 병들어 죽음에 이른다.

나만 늙고 병들고 죽는 것이 아니라 내가 사랑하는 사람도 늙고 병들고 죽는다. 관계가 넓고 깊을수록 고통 또한 넓고 깊다. 인연이 많으면 그만큼 이별도 많고, 눈물도 많은 법이다. 출가 전의 싯다르타가 궁궐 밖을 나와 처음 목격한 것도 바로 이러한 삶의 실상, 즉 노인, 병자, 그리고 장례행렬이었다.

인간이 유한한 존재라는 자명한 사실보다 더 중요한 것은 인간은 그 유한성을 자각하는 존재요, 유한성을 자각하는 자아를 다시 자각하는 존재라는 사실이다. 시시때때로 자신이 시한부 인생임을 의식한다. 언제나 죽음이라는 공포, 난제를 머리에 이고 산다. 오죽하면 죽음을 이해하기 위해 철학이 생겼고, 죽음을 넘어서기 위해 종교가 생겼다는 말이 있겠는가?

인간의 실존적 비극은 거기에 그치지 않는다. 사람은 자기의 죽음뿐 아니라 세상에서 가장 사랑하는 자기 자식의 죽음까지도 인식하고 예견한다. 소크라테스의 제자 크세노폰이 했다는 다음과 같은 말은 인생의 비극을 적나라하게 보여준다. "나는 내 아이의 아버지가 되었을 때 알았다. 이 아이가 죽으리라는 것을." 그렇다. 삶의 시작은 곧 죽음의 시작이고 인생은 죽음으로 가는 여정이다. 죽는 자가 죽는 자를 낳는 것이 인생이다.

감정의 지배

    인간은 감정의 동물이다. 인간만큼 복잡 미묘하고 다양한 감정을 가지고 있는 존재도 없고, 그것의 영향을 강하게 받는 존재도 없다. 찰나의 순간에도 수많은 감정의 동요가 일어나고 하루에도 여러 번 감정의 변화를 겪는다. 감정의 기복은 신체와 정신의 긴장, 부조화, 에너지 소모, 피로를 동반한다. 부정적 감정은 몸과 마음을 상하게 하고 질병을 초래하기도 한다.

    포근함, 사랑, 미움, 화, 짜증, 긴장, 안심, 차분함, 행복, 기쁨, 슬픔, 측은함, 후회, 뉘우침, 부끄러움, 불안, 소심함, 당황, 두려움, 놀람, 역겨움, 반감, 너그러움, 몰이해, 외로움, 고독, 그리움, 우울함, 따분함, 희망, 열정, 신남, 포기, 실망, 좌절, 감탄, (시)샘, 바람, 만족, 자랑, 즐거움, 감사.

    〈42가지 마음의 색깔〉이라는 아동용 도서에 소개된 감정들이다. 물론 위에 나열한 것들이 인간의 모든 감정을 망라한 것은 아니고 더 미세하고 세분화된 감정들이 존재할 수 있다.

    그런데 혹시 헤아려보았는가? 위 42가지 감정들에는 행복에 속하는 감정들보다는 불행에 속하는 감정들이 훨씬 더 많다. 현상은 본질을 반영한다. 언어는 현실의 거울이자 표현이다. 사실은 우리 삶에 불행의 요소들이 더 많고 따라서 그것을 표현하는 언어도 더 다양한 것인지 모른다.

    철학자 마사 누스바움은 〈두려움의 군주제〉에서 "두려움은 인간이 태어나 최초로 느끼는 감정일 뿐 아니라 시간순으로도 인과적으로도 인간의 가장 기본적인 감정"이라고 말한다. 틱낫한 스님은 "현대인의 일상적 감정 중에서 가장 자주 출몰하는 감정은 화(anger)"라고 이야기한다.

사정이 그렇다면 우리가 감정의 지배를 강하게 받을수록 더 불행해진다는 이야기다. 부정적 감정은 빨리 잊고 줄이며, 반대로 긍정적 감정은 오래 간직하고 키우면 좋겠지만 그게 말처럼 쉬운 일인가?

이성(양심)의 존재

인간은 감정뿐 아니라 이성, 양심이라는 불편한 제어장치를 달고 산다. 그것을 통해 매사 스스로를 검열하고 통제하고 재판한다. 끊임없이 남의 시선을 의식하면서 산다. 니체는 "인간 그 자체는 붉은 뺨을 가진 짐승"이라고 말한다. 수치심을 느끼는 존재라는 뜻이다.

이성은 인간과 인간 아닌 것을 구별하는 고귀한 징표이자 다른 한편 고통의 원천이고 '불리한 상속재산'이기도 하다. 인간은 이성 때문에 각종 본능(성욕, 공격욕)의 좌절을 수없이 겪게 되고 이처럼 억제된 본능을 꿈으로 배설하고 명정상태의 술주정으로 대신 푼다. 스트레스가 이만저만이 아닌 것이다.

인간은 동물과 신 사이에서 외줄을 타는 존재다. (동물로) 돌아가는 것도 어렵고, (신성으로) 나아가는 것도 어렵고, 그대로 머무르기도 어렵다. 동물성과 신성을 겸유한 모순적 존재, 그리하여 동물이되 동물처럼 본능대로 살 수 없는 것에 인간의 좌절, 비극이 있다. 불행한 얼굴을 가진 유일한 동물이 사람이고, 자살을 택하는 유일한 동물도 사람이다.

인간은 또한 기억하고 예견한다. 동물이 현재의 고통만 느낀다면 인간은 현재의 고통뿐 아니라 과거의 고통과 미래의 고통을 아울러 느낀다. 과거를 연장하여 후회하고 미래를 앞당겨서 불안해한다. 엎질러진 물을 주워 담으려 하고, 다리에 이르기 전에 수없이 다리를 건넌다. 시험보기 전에, 수술받기 전에 수없이 시험장에 가고 수술대에 오른다. 고통이 2배, 3배가 되는 것이다.

변화와 스트레스

생명체는 유지·존속의 본능이 있고 따라서 안전을 추구한다. 인간 또한 본능적으로 변화보다 안정을, 새로운 것보다 익숙한 것을 선호한다. 옮겨 심은 나무는 몇 년 간 열매를 맺지 못한다. 노화의 원인 중 하나는 이사를 자주 다니는 것이다.

그런데 오늘날 과학기술의 발전으로 세상은 너무 빨리 변하고 그 속도는 점점 더 빨라지고 있다. 과거에는 수백 수천 년에 걸쳐 이루어진 변화가 오늘날에는 단 몇 년 아니 몇 달 만에 이루어지고 있다. 매일 매일이 새롭고 낯선 환경이 된 것이다.

생존의 환경이 바뀌면 사람은 극도로 긴장하고 스트레스를 받는다. 변화된 환경에 적응하기 위해 몇 배의 힘과 노력을 소모한다. 그 와중에 일부는 필연적으로 대열에서 탈락하고 소외되고 좌절한다. 이제 좀 적응할 만하다 싶으면 또다시 낯선 환경이 도래하고 긴장과 적응과 낙오가 반복된다. 역사가 느린 민족이 행복하다면 오늘의 인류는 너나 할 것 없이 매우 불행한 삶을 살고 있는 것이다.

자유 혹은 예속

　사람은 누구나 자기 인생의 주연이다. 아나톨 프랑스의 말처럼 "우리는 모두 자신을 우주의 중심이라고 생각한다." 거리의 청소부도, 구두수선공도, 시인도, 국회의원도 마찬가지다. 그러나 그러한 자신도 타인에게는 그저 조연이거나 배경 혹은 소품일 뿐이다. 모두가 주연이라고 착각하지만 그 누구도 주연이 아니고 주연배우 대접도 받지 못하는 희한한 회전무대가 인생이다.

　인간은 외로운 존재다. 서로 생각이 다르고 성격과 기질이 다르고 습관이 다르다. 그때그때의 감정과 기분이 같지 않은 것은 말할 필요도 없다. 한껏 기쁨에 들떠서 집으로 달려왔는데 집에 아무도 없을 때 우리는 얼마나 실망했던가? 울적하고 우울하고 위로받고 싶을 때 상대가 무관심한 태도를 보이면 얼마나 상처받는가? 따라서 타인과 완전히 융화하는 것은 불가능하고 자신의 유일한 친구는 자기 자신뿐이라는 것을 절감한다. 진정한 친구란 나를 가장 잘 알고 조건 없이 내가 잘되기를 바라는 친구인데 그런 친구가 세상에 누가 있겠는가? 바로 자기 자신이다.

　그러나 우리는 고독이 두려워 자유를 피해 관계 속으로 도피한다. 관계는 기쁨인 동시에 굴레이다. 공허하고 불편하고 부자유와 예속도 가져온다. 마치 고슴도치처럼 너무 멀리 있으면 춥고 너무 가까이 있으면 찔린다. 그리하여 자유와 예속 사이를 부유하거나 왕복하는 존재가 사람이다. 혼자 있는 것도 불행하고 함께 있는 것도 불행하다. 혼자 있어도 행복하고 함께 있어도 행복한 길은 없는가? 혼자 있을 때는 자유와 평화를 누리고, 함께 있을 때는 평등한 관계의 기쁨을 누릴 수는 없는가?

고통과 권태 사이

인생은 '고통과 권태 사이를 왔다 갔다 하는 시계추'와 같다고 한다. 힘들고 고통스런 상황이 지나가면 잠깐 동안의 휴식과 평온이 찾아온다. 그리고 곧 권태가 그 자리를 차지한다. 그러다가 다시 고통이 시작되고 또 잠깐의 안식과 권태가 되풀이된다.

고통과 권태는 정반대의 현상이지만 권태 또한 고통이다. 아니 권태는 때로 힘든 노동보다 더 고통스럽다. 과로와 권태 중 어느 것이 더 불행한지 가늠하기 어렵다. 일 없이 빈둥거리는 것도 하루 이틀이지 반복되면 지극히 따분하고 무기력하고 불안하고 불쾌하다. 공동체적 인간, 노동하는 인간의 본질에서 괴리되기 때문이다. 결국 인생은 고통과 고통(권태) 사이를 왔다 갔다 하는 시계추와 같은 것이다.

한마디로 인생은 고해(苦海)이다. 삶은 본래 즐거운 것이 아니다. 낯설고 고통스러운 것이다. 아이가 울면서 세상에 태어나는 것은 인생이 고해라는 것을 상징한다. 달라이 라마는 '생일이란 고통이 태어난 날'이라고 했고, '고통과 삶은 친족간'이라는 말도 있다.

'인생이 고해'라는 사실로부터 우리는 다음 두 가지를 깨닫게 된다. 인간은 서로에게 '고통의 동지'라는 사실, 그리고 행복은 기다리면 자연히 찾아오는 것이 아니라 의식적으로 찾고 노력해야 한다는 사실이다.

행복은 주어지는 것이 아니라 만들어가는 것이다. 행복은 비는 것이 아니라 짓는 것이다. 밥을 짓고, 농사를 짓고, 집을 짓는 것처럼 공들여 노력하는 것이다. 생각해보면 복을 비는 것만큼 쓸모없는 일도 없다. 신이 전지전능하다면 불필요하고, 신이 전지전능하지 않다면 효과가 없을 테니까. 행복은 자생(自生)식물이 아니다. 스스로 자라나지 않는다. 행복이 당연하지 않다는 생각이야말로 행복으로 가는 첫걸음이다.

철학, 행복의 시작

철학을 시작할 나이가 아직 되지 않았다거나 이미 지나갔다고 말하는 사람은 행복해지기에는 아직 나이가 안 됐다거나 더 이상 그럴 나이가 아니라고 말하는 사람과 같다.

에피쿠로스

죽음에 대하여

죽음만큼 끈질기게 그리고 모든 인간을 따라다니는 문제도 없다. 평소 죽음에 무관심하던 사람도 나이가 들면 자연스레 죽음을 떠올린다. 죽음과 친숙하지 않은 젊은 사람들도 주변 누군가의 죽음을 목도하고 문득 죽음에 대해 생각하고 고뇌한다.

죽음은 보편적이고 자연적인 현상이다. 누구에게나 또 언제 어디서나 일어나는 일이다. 오늘도 그 누군가는 죽고 새로운 생명은 태어난다. 그럼에도 여전히 죽음을 낯설고 두렵게 여기는 이유는 무엇일까? 죽음 자체보다 죽음에 대한 관념이 공포의 근원이라는 점에 대해 에픽테토스는 이렇게 말했다. "사람을 힘들게 하는 원인은 어떤 것 자체가 아니라 그에 대한 생각이다. 죽음은 두려운 것이 아니다. 죽음이 두렵다는 생각이 두려운 것이다."

그렇다면 죽음이 두렵게 생각되는 이유는 무엇일까? 죽는 순간의 고통 때문일까? 하지만 고통 없이 편안하게 죽음을 맞이하는 사람도 많다. 삶에 대한 애착, 궁극적으로는 자기 존재의 소멸, 부재에 대한 관념이 죽음을 두렵게 한다.

그러나 우리는 태어나기 전에도 역시 부존재했다. 출생 이전이나 죽음 이후나 존재하지 않기는 마찬가지다. 세네카는 "누군가 죽은 이를 불쌍하게 생각한다면 그 사람더러 아직 태어나지 않은 이들도 불쌍히 여기라 하라"고 말한다.

삶이 소중하고 가치 있는 것은 그것이 유한하기 때문이다. 한 번뿐이기 때문에 어떻게 살고 무엇을 할 것인가 고민하고 노력하는 것이다. 영원한 삶은 영원한 권태요, 태만이요, 고통이다. 한때 지구 표면

위를 걸었던 모든 인류가 지금까지 죽지 않고 살아 있다면 오늘의 지구는 어떤 모습일까?

인간에게 죽음에 대한 두려움은 당연하고, 유익하기도 하다. 그것이 있었기에 인간은 자신의 생명을 더 잘 유지하고 높게 진화할 수 있었다. 죽음에 대한 두려움이 우리를 안전하고 건강하게 지켜왔고, 평등하고 평화로운 세상을 꿈꾸게 했던 것이다.

그러므로 죽음에 대한 타당한 결론은 이렇다. 죽음에 대해 한 번은 깊게 고뇌하라. 그리고 그 수렁에서 빠져나오라. 슬퍼하고 좌절하고 번민해서 죽지 않을 수만 있다면 그렇게 하라. 그러나 그렇지 않다면, 오히려 더 빨리 죽게 된다면 그냥 하던 일을 하라. 같은 현상을 두고도 비관주의자는 반드시 비관의 이유를 찾아내기 마련이고, 낙관주의자는 반드시 낙관의 이유를 찾아내기 마련이다.

감정에 대하여

그것이 행복한 감정이든 불행한 감정이든 감정의 생성과 소멸 자체는 자연적이고, 사람의 힘으로 어찌할 수 없다. 다만 그 감정에 지배되느냐, 그로부터 벗어나느냐는 이성과 의지의 문제다. 우리가 불행한 이유는 대부분 감정 그 자체 때문이 아니라 그것에 대한 우리의 태도 때문이다. 우리는 분노하게 된 그 이유보다도 스스로의 감정을 통제하지 못하고 분노하는 자신 때문에 불행하다. 에픽테토스는 말한다. "우리를 화나게 하는 것은 우리를 화나게 한 일 자체가 아니라 그 일에 대한 우리의 판단이다."

'손님과 생선은 3일이면 썩는다'는 말이 있다. 감정은 손님과 같다. 영원히 머무르지 않는다. 따라서 개개의 감정을 객관적으로 바라보고 자연스럽게 흘려보낼 수 있어야 한다. 감정에 휘말려 행동하지 말아야 한다. 손님(감정)의 노예가 되지 말고 손님(감정)의 주인이 되어야 한다. 분노하고 두려워하고 슬퍼하고 질투하는 자는 자유롭지 않은 자이며, 자유롭지 않은 자는 행복하지 않다.

분노를 예로 들어보자. 분노는 모든 것을 순식간에 불사르는 극단의 감정이다. 우리가 그토록 소중히 여기는 사랑도 부와 지위와 명예도 일순간에 태워버린다. 격분한 자는 사랑하는 이의 몸을 찌르고, 집과 재산을 불사르고, 어렵게 쌓아온 지위와 명예를 헌신짝처럼 내팽개친다. 그리고 그 잿더미 위에는 후회와 고통만이 남는다. 아리스토텔레스의 말처럼 분노란 반드시 '고통이 뒤따르는 욕구'다.

감정은 시간이 최선의 치료약이다. 잠시 한숨을 돌리고 시간을 주면 감정은 곧 가라앉는다. 분노가 일어날 때는 마음속에 스톱명령을 내려야 한다. 말과 행동을 즉시 멈추는 것이 상책이다. 속으로 천천히 1부터 100까지 세거나 동네 한 바퀴를 도는 것이 낫다. 간밤의 원수도 자고 나면 사라지는 법이다. 플라톤은 자신의 노예에게 말했다. "내가 화가 나 있지 않았다면, 나는 너를 때렸을 것이다."

그래도 부정적 감정에서 헤어나기 어려울 때는 행동을 바꿔보는 것이 방법이다. 순전히 의지만으로 감정을 통제하거나 바꾸기는 어렵다. 아무리 '쾌활해지자, 행복해지자'고 다짐해도 우울한 감정에서 벗어날 수는 없다. 그러나 의지로 행동을 바꾸기는 쉽고, 행동에 따라 몸 상태가 바뀌면 감정도 자연스럽게 바뀐다. 실제로 우울하고 답답하고 괴로운 생각이 머리에서 떠나지 않을 때는 힘차게 걷고 뛰어보라. 기분이 전환되고 새로운 힘과 의지가 생겨나는 것을 느낄 수 있다.

아리스토텔레스는 "인간의 모든 행위는 우연, 본성, 강요, 습관, 계산(이성), 분노, 욕구 7가지 원인으로 일어난다"고 했다. 과연 지금 나의 행위는 무엇 때문에 일어난 것인가?

걱정에 대하여

우리는 끊임없는 걱정과 불안 속에서 살아간다. 앞으로는 승냥이 걱정, 뒤로는 호랑이 걱정이다. 그리고 걱정은 단지 걱정에서 끝나지 않는다. 사람은 몸과 마음의 유기적 일체이다. 몸이 아프면 마음이 아프고 마음이 아프면 몸도 아프다. 걱정은 주름살과 흰머리와 탈모의 원인일 뿐 아니라 심장병, 고혈압, 관절염, 위장병, 갑상선, 당뇨, 감기에도 영향을 미친다. 걱정을 잘 다스리지 못하면 아프고 불행하고 심지어 단명한다. 간디는 "불안함과 조급함, 이 두 가지는 병이다. 이 두 병은 생명을 단축한다"고 말한다.

'걱정을 한다고 걱정이 없어지면 걱정이 없겠네'라는 우스갯소리도 있지만 걱정은 대부분 쓸모가 없다. 해결책이 있는 걱정은 걱정이 아니라 행동이 필요한 것이고, 해결책이 없는 걱정은 아무리 걱정해도 소용이 없기 때문이다.

근거 없는 걱정은 대부분 무지에서 발생한다. 무지가 공포를 낳는다. 사실을 면밀히 확인하고 이성적으로 사고하면 불필요한 걱정에서 쉽게 벗어날 수 있다. 평균율이라는 것이 있다. 비행기를 탈 때면 사고나 추락을 걱정하지만 우리가 비행기 사고로 죽을 확률은 자동차사고로 죽을 확률의 대략 70분의 1이다.

과거에 연연하거나 미래를 염려하는 것도 마찬가지다. 사실 지나

간 일은 하느님도 어쩌지 못한다. 내일이 먼저 올지 다음 생이 먼저 올지는 아무도 모른다. 현재의 삶을 위한 적절한 반성이나 계획은 필요하겠지만 과도하게 과거의 행위에 이자를 지불하거나 미래의 불안을 가불할 필요는 없다. 새 생명이 태어나면 신은 그의 인생만큼 세상을 더 연장하기로 결정한다지 않은가.

프랑스 철학자 알랭은 "과도한 상상력과 반성이 불행의 원인"이라고 보았고, 키르케고르는 "끊임없는 성찰은 성찰병을 낳는다"고 했다. 이마의 땀, 햇볕, 자연이야말로 신경(정신)의 강장제다. 행복해지기 위해서는 땀 흘려 노동하고 운동하라. 하다못해 심호흡을 하고 기지개를 펴고 하품이라도 하라.

고통에 대하여

인생이 고해라는 깨달음이 반드시 부정적이고 비관적인 것은 아니다. 오히려 고통이 예외적이고 비정상적인 현상이 아니라 인간존재의 자연스런 일부라는 인식은 우리가 고통을 더 잘 이해하고 견딜 수 있게 한다.

불가에서는 고통을 '카르마(업)'로 이해하고, 기독교는 '절대자의 계획이나 섭리'로 해석한다. '과거 행동의 결과'거나 '신의 사랑(시험)'이라는 것이다. 이러한 종교적 태도는 분명 우리가 현재의 고통을 더 잘 인내하고 받아들일 수 있게 한다. 더욱 중요한 것은 이러한 종교적 고통관이 우리의 각성과 회심, 적극적 행동을 요구한다는 사실이다.

달라이 라마는 카르마는 단지 현실의 수동적인 수용을 의미하는 것은 아니라고 말한다. 현재의 불행이나 행복은 우리가 한 과거 행동의 결과요 인과응보이며, 따라서 우리가 미래에 행복해지기 위해서는 바로 오늘 선한 행동을 하고, 선한 덕을 쌓아야 한다는 것이다.

"우리가 카르마, 곧 행동에 대해 말할 때 그것은 행위자인 우리가 과거에 한 행동을 말하는 것입니다. 따라서 어떤 미래가 펼쳐질 것인가는 현재의 우리 손에 달려 있습니다. 미래는 현재 우리가 하는 행동에 따라 결정될 것이기 때문입니다."

행복에 관한 많은 오해들

헌신이 없는 자에게는 평화가 없고, 평화가 없는 자에게는 어디서 행복을
얻을 곳이 없느니라.

바가바드기타

오해와 왜곡

그럴듯한 말이라고 해서 다 옳은 것은 아니다. '단순히 행복한 삶이 아니라 의미 있는 삶을 살아야 한다'는 말도 그 중 하나다. 어찌 보면 매우 고상하고 훌륭한 말이지만 행복과 의미 있는 삶을 서로 분리하고 있다. '너무 행복을 쫓지 마라, 행복에 대한 강박증을 버려라'는 말도 그렇다. 행복을 마치 일신의 안녕이나 개인적인 영달쯤으로 왜곡하고 축소시킨다. 미덕의 실천이야말로 행복의 제1요소라는 사실을 모르고 하는 말이다.

그런 점에서 행복이란 '혼(이성)의 유덕한 활동'이라고 정의한 아리스토텔레스의 말은 충분한 가치가 있다. 그러나 이 또한 완전한 것은 아니다. 행복은 오로지 외적 행위만으로 구성되지 않는다. 행복의 내면적 요소, 즉 지각(욕구), 감정, 마음가짐도 무시할 수 없다. 행복은 '혼의 유덕한 활동' 그 자체이면서 동시에 그로 인한 정신적·심리적 만족과 보람이기도 하다.

그 밖에도 세상에는 우리가 행복한 삶을 살아가는 데 방해가 되는 여러 오해들이 있다.

행복은 없다?

행복은 실체가 없는 신기루 같은 것이라고 말하는 사람도 있다. 그러니 헛되이 찾으려고 애쓰지 말고 현재의 삶에나 충실하라는 것이다. 과연 그럴까? 행복을 찾는 일은 체로 물을 퍼 담거나 그물로 바람을 가두는 것처럼 부질없고 허망한 일일까? 행복의 파랑새는 진정 없을까?

현재에 충실한 것, 온전히 자기를 잊고 어떤 일에 몰두하는 것은 물론 행복한 삶의 요소이다. 건강한 사람이 자기 몸을 잊듯이 행복한 사람은 자기 자신을 잊는다. J.S. 밀은 "인간은 행복 외에 다른 곳에 목표를 두고 추구하는 과정에서 행복을 찾는다"고 말한다.

그러나 행복이 없다고 말하는 사람도 불행의 실체는 온몸으로 느낀다. 불행에 고뇌하고 눈물짓고 절규한다. 행복과 불행은 빛과 어둠의 관계와 같다. 빛이 없으면 어둠도 없고 어둠이 없으면 빛도 없다. 양이 없으면 음도 없고 음이 없으면 양도 없다. 행복에 실체가 없다면 불행도 실체가 없어야 마땅하다. 반대로 불행에 실체가 있다면 행복 또한 실체가 있어야 한다. 우리는 행복을 염원한다. 그리고 불가능한 것을 염원하는 사람은 없다.

좋아하는 한시(漢詩)가 하나 있다. 제목은 '송하문동자(松下問童子)'다.

송하문동자 – 소나무 아래 동자에게 물으니
언사채약거 – 스승님은 약초 캐러 가셨다네
지재차산중 – 저 산 속에 계신 것은 분명한데
운심부지처 – 구름 깊어 계신 곳 알지 못한다네

한 폭의 동양화를 연상케 하는 시로 같은 제목의 그림도 있다. 이 시의 진정한 묘미는 바로 스승(師)의 의미다. 말 그대로 진짜 스승일 수도 있고, 진리나 도(道)일 수도 있고, 우리가 간절히 찾아 헤매는 행복일 수도 있다. 그렇다. 저 산 중에 스승이 있듯 분명 행복은 존재한다. 다만 여러 가지 이유로 찾기 어려울 뿐이다.

행복은 개인적이다?

서양철학의 전통은 행복을 주로 자기 자신에게서 찾는다. 사람은 자기 자신을 이루는 것(성격, 기질, 지능, 체력 등), 그가 소유하는 것(재산, 부), 사회적 평가(지위, 명성) 속에 살고 있는데, 전자가 내재적이고 불변인 반면 재산, 지위, 명성 등은 외재적이고 가변적이라는 이유 때문이다.

쇼펜하우어는 "건강한 신체에 깃드는 건강한 정신이 우리의 행복에서 으뜸가는 가장 중요한 것이다"고 단언한다. 물론 건강한 신체와 건강한 정신은 행복의 매우 중요한 요소이다. 몸이 아프면 고통스럽고 외롭고 우울하고 슬프다. 한마디로 불행하다. 건강한 정신, 곧 마음의 평정과 평온은 행복에 필수적이다. 그러나 건강한 몸, 건강한 정신은 사회와는 아무 관련이 없는 순전히 개인적인 문제인가? 기아와 질병, 전쟁과 수탈이 만연한 사회에서 건강한 신체와 건강한 정신은 성취될 수 있는가? 격랑에 요동치는 배 위에서 홀로 초연하게 심신의 균형과 평정을 유지할 수 있는가? 강풍이 몰아쳐도 호수는 저 홀로 고요한가? 건강한 신체와 건강한 정신을 가지지 못한 사람은 행복할 수 없는 것인가?

인간은 사회적 존재이고 정치적 동물이다. 개인의 행복을 떠난 공동체의 행복을 상상할 수 없는 것처럼 공동체의 행복과 분리된 개인의 행복도 생각하기 어렵다. 행복론은 '개인의 행복과 안녕'을 다루고, 정치학은 '공동체의 행복과 안녕'을 다룬다. 개인의 행복은 공동체의 행복 안에 있으며, 그리하여 아리스토텔레스는 행복론은 정치학의 일부라고 본다.

행복은 개인적 문제이지만 동시에 지극히 정치적, 사회적 문제이다. 개인적 문제라는 점에 사회변화와 별개로 행복에 이르는 길이 열린다. 그리고 사회적 문제라는 점에 개인의 노력과 별개로 사회변화를 추구해야 할 필요성이 존재한다. 결국 우리가 행복해지기 위해서는 개인의 성숙과 더불어 사회의 개선이 동시에 필요한 것이다.

개인의 성숙은 수양의 문제로 귀결되고 사회의 개선은 사회정의의 문제로 귀착한다. 사회정의는 행복의 필요조건이고 수양은 행복의 충분조건이다. '세상만 바뀌면 행복은 당연히 따라 온다'는 생각이나 반대로 '세상이야 어찌됐건 행복은 나 하기 나름'이라는 생각 모두 편향이다. 필요조건만을 과장하거나 충분조건만을 과장하는 것은 그 자체로 오류이며, 진정한 행복에 이를 수 없다.

행복은 주관적이다?

행복이 객관적 상태이고 측정이나 비교가 가능하다는 견해도 없지는 않다. 1인당 국민소득이나 평균수명 등의 몇 가지 지표로 행복지수를 측정하려는 시도도 그 중 하나이다. '슬픔은 마음의 문제가 아니라 신체의 문제이고, 적혈구 수의 문제'라고 보는 알랭의 행복론도 같은 입장이라 할 수 있다.

그러나 대다수는 행복은 지극히 주관적인 현상이라고 생각한다. 아리스토텔레스는 "행복은 스스로 만족해하는 사람의 것이다"고 했고, 체호프는 "행복은 인간 속에 있는 것이지 바깥에 있는 것이 아니다"고 했으며, 톨스토이는 "행복은 외부의 원인에 의해 좌우되는 것이 아니라 그것에 대한 인간의 태도에 의해서 결정되는 것이다"고 했고, 존 러보크는 "행복은 환경의 결과가 아니라 마음의 상태"라고 했다.

행복의 주관성과 관련해서 자주 드는 비유가 '컵 속에 반쯤 남은 물'에 관한 것이다. 똑같이 반쯤 남은 물을 보고도 어떤 이는 반이나 남았다고 하는 반면 다른 이는 반밖에 남지 않았다고 하는 것을 보면 행복이라는 것도 객관적 실체가 있는 현상이 아니라 이를 느끼는 사람의 주관에 좌우되는 문제라는 것이다.

객관 세계는 결국 주체에 의해서 지각되고, 이해되고, 평가된다. 따라서 주체의 생각, 기질, 태도, 상태가 중요한 것은 사실이다. 그러나 아무리 개인의 생각이나 성향의 차이가 존재한다 하더라도 컵에 가득한 물을 보고 비관하거나 빈 컵을 보고 낙관할 수는 없는 일이다.

부자이면서 가난하다고 느끼는 사람도 있고, 가난하면서도 부자라고 느끼는 사람도 있다. 그러나 부자가 부자라고 느끼고 가난한 사람이 가난하다고 느끼는 것이 정상이다. 소득수준이 높을수록 삶의 만족도(행복도)가 높고 사회적 고립감은 낮은 것이 사실이다. 행복은 주관적 현상이지만 객관적 실제를 반영한다. 주관에 투영된 객관세계요, 심리에 반영된 물질세계다.

행복은 감정이다?

행복은 일차적으로 '좋은 기분'이다. 행복을 어떻게 정의하더라도 '나쁜 기분'을 행복이라고 할 수는 없다. 힘든 일을 막 끝냈을 때, 병마의 고통에서 벗어났을 때, 가족에게 경사가 생겼을 때, 맛있는 음식을 먹을 때, 벗들과 술잔을 나눌 때, 취미생활을 할 때, 섹스를 할 때 우리는 순간순간 행복을 느낀다. 따라서 행복의 실체는 감정이요, '좋은 기분'이나 '즐거움' 자체라고 생각하게 된다. '소소하지만 확실한 행복'들이란 대개 그런 것이다.

그러나 기분이나 감정은 일시적이고 변하기 쉽다. 사람은 하루에
도 몇 번씩 감정과 기분의 변화를 겪는다. 우울했다가 유쾌했다가 기고
만장했다가 의기소침했다가 울다가 웃다가. 바다 같이 넓다가도 송곳
하나 꽃을 자리가 없는 것이 사람의 마음이다. 따라서 다음과 같은 질
문에 직면할 수밖에 없다. 찰나의 즐거움이 행복의 전부인가? 잠시 후
면 다시 불행의 굴레로 떨어지는 것이 행복한 삶인가? 행복은 카멜레온
이고 사상누각인가? 지속적으로 만족감, 충만감을 갖는 삶은 없는 것인
가? 행복은 일시적 감정인가 지속적 상태인가?

인간은 감각(지각)과 감정(기분)과 이성(인식, 의지)을 공히 가진 존
재이다. 그런데 감각과 감정은 마음대로 조절하거나 통제하기 어렵다.
불에 데면 뜨겁고, 몸이 아프면 괴롭다. 외부의 자극에 수동적이고, 자
연적으로 생겨났다 사라진다. 통제가 가능하고 능동적으로 작용할 수
있는 것은 오로지 이성(의지)과 그에 따른 행동이다.

감정은 일시적이나 이성(의지)은 지속적이다. 감정은 쉽게 변하지
만 이성(의지)은 쉽게 변하지 않는다. 감정이 지배하면 불행하기 쉽지
만 이성(의지)이 지배하면 행복하기 쉽다. 행복은 일시적 감정을 넘어
지속적 상태를 지향해야 한다.

'마음이 바뀌면 행동이 바뀌고 행동이 바뀌면 습관이 바뀌고 습관
이 바뀌면 인격이 바뀌고 인격이 바뀌면 운명이 바뀐다.'고 한다. 생각
을 바꾸고 의지를 갖고 실천하는 것, 좋은 습관과 인격의 형성에 지속
적 행복의 가능성이 있다.

행복이란 무엇인가

자신의 의무를 조용히 실천하는 기쁨에 비교할 만한 기쁨은 없다.

마하트마 간디

불행한 이유

우리가 불행한 이유는 바닷가의 모래알처럼 많다. 어쩌면 지구상에는 70억 가지 이상의 불행의 이유가 있고, 대한민국에는 5,000만 가지 이상의 불행의 이유가 있는지도 모른다.

몸이 아파서, 늙고 병들어서, 가난해서, 성적이 오르지 않아서, 취업이 안 돼서, 결혼을 못해서, 내 집이 없어서, 장사가 안 돼서, 아이가 없어서, 자녀가 말을 듣지 않아서, 배우자와 다퉈서, 부모님이 아파서, 가족이 사고를 당해서, 부모님이 돌아가셔서, 내 성격이 싫어서, 친구와의 갈등, 동료와의 마찰, 피곤해서, 스트레스를 받아서, 경제가 어려워서, 빚 때문에, 범죄가 만연해서, 세상이 혼란해서, 정치가 싫어서, 북한이 성가셔서, 코로나19 때문에 등등.

그렇다면 그런 불행의 이유들이 사라지면 우리는 행복할까? 잠깐은 행복할 수 있겠지만 금방 다른 불행의 이유가 그 자리를 차지하고 우리는 다시 불행에 빠진다. 왜 불행은 이처럼 가깝고 행복의 길은 멀기만 한가? 왜 불행의 이유는 바로 알겠는데 행복에 이르는 길은 막연하고 모호한가?

우리가 행복이란 진정 무엇이고, 어떤 요소로 이루어져 있는지, 어떻게 하면 행복해질 수 있는지 생각해보아야 할 이유이다.

행복의 정의

행복의 사전적 정의는 '생활에서 충분한 만족과 기쁨을 느끼어 흐뭇함 또는 그러한 상태'이다. 만족, 기쁨, 흐뭇함 등에서 알 수 있는 것처럼 행복을 기분이나 감정의 상태로 보고 있음을 알 수 있다. 물론 행복은 우선적으로 행복감이다. 행복 없는 행복감은 있을 수 있어도 행복감 없는 행복은 없다. 그렇다면 만족과 기쁨과 흐뭇함은 어떻게 다른가? 그리고 어떻게 하면 그러한 감정상태에 이를 수 있는가? 행복은 무엇이고, 어떻게 하면 행복에 도달할 수 있는가?

행복이 갖는 주관성, 추상성, 모호성 때문에 한 가지로 정의를 내리기 어려운 것이 사실이다. 아픈 사람에게는 건강이, 가난한 사람에게는 돈이, 싸움이 끊이지 않는 집안에서는 화목이 행복이라 여겨지기 마련이다. 그러나 이처럼 나에게 없는 것에서 행복을 찾으면 우리는 영원히 행복할 수가 없다. 왜? 하느님은 공평해서 누구든 결핍이 있게 마련이고, 모든 것을 다 가진 사람은 세상에 없는 법이니까.

아리스토텔레스는 〈수사학〉에서 행복을 '미덕과 결합된 안녕, 자족적인 삶, 즐겁고 안전한 삶, 물질적이고 신체적인 번영, 이런 것들을 지키고 이용할 능력'으로 정의한다. 하나하나 음미해볼 만한 가치가 있는 것들이지만 그러나 행복에 대한 정의라고 하기에는 병렬적이고 번잡한 감이 있다. 아리스토텔레스 자신도 '행복은 이 가운데 하나 또는 여럿'이라고 실토하고 있다.

행복은 잘 살다가 잘 죽는 것

그냥 '잘 사는 것'이라고 정의해보면 어떨까? '행복하다'는 뜻의 그리스어 에우다이모네인(eudaimonein)은 '잘 산다' '잘 지낸다'는 의미로도 쓰인다. 그렇다. 행복은 '잘 사는 것'이다. '잘 살고 잘 죽는 것'이다. 죽으면 끝인데 잘 죽는 것이 무슨 행복이냐고 반문할지도 모른다.

물론 청년과 노인, 미래가 많은 사람과 과거가 많은 사람에게 죽음이 같은 의미일 수는 없다. 그러나 죽음은 삶의 완성이다. 삶의 목적이 행복이라면 죽음은 행복의 완성이다.

누구나 늦게 천천히 죽는 것을 소망하지만 그보다 더 중요한 것은 잘 죽는 것이다. 잘 죽는다는 것은 '품위 있고 고매하고 편안한 죽음'을 말한다. 쉽게 말해서 '기꺼이 죽는 것'이다. 세네카는 말한다. "살아 있는 것은 그리 큰 문제가 아니오. 당신의 하인이나 동물도 하는 일이지. 영예롭게, 신중하게, 용감하게 죽는 것, 이제는 그것이 중요한 일이라오."

니체는 "적당한 때에 죽으라"고 말한다. '적당한 때'란 '자기 삶을 완성시켰을 때, 전사로서 위대한 넋을 바칠 때'이다. "여름에 이미 썩은 열매가 가지에 계속 매달려 있고자 한다면 그것은 비열함(비겁)"이라고 했다.

인생도 결국은 양이 아니라 질이다. 얼마 동안 사느냐가 아니라 어떻게 사느냐가 중요하다. 예수는 서른 셋에 생을 마감했고, 그 중 공적 생애는 3년에 불과했지만 누가 그의 삶이 짧다고 말하는가? 너무 짧아서 해야 할 일을 다 하지 못했다고 말하는가? 인생은 최선을 다한 사람에게는 충분히 길고, 그렇지 못한 사람에게는 언제나 짧다.

죽음의 시기를 마음대로 선택할 수는 없겠지만 남에게 아무런 도움도 베풀 수가 없을 때, 전적으로 타인에 의존해서 살아가야 할 때가 바로 인간으로서의 생명이 끝나는 시기이다. 자신의 자연적, 사회적 삶이 다했음을 지각한 스콧 니어링은 자유의지로 일반식을 유동식(죽, 수프, 주스)으로 바꾸고, 그 후로 물만 마시다가 그마저 중단하고 스스로 삶을 마감했다.

본론으로 돌아가자. 그렇다면 잘 사는 것은 무엇인가? 건강하게 사는 것인가, 부유하게 사는 것인가, 화목하게 사는 것인가? 아니면 이 모두를 포함하는 것인가? 미덕을 실천하며 사는 것인가, 즐거움을 추구하며 사는 것인가? 자유인가, 책임인가?

잘 사는 것이란 한마디로 '만족과 보람을 느끼며 사는 것'이다. 행복이란 '삶의 만족과 보람'이다.

아리스토텔레스

그렇다면 행복은 무엇으로 이루어져 있는가? 행복의 구성요소는 무엇인가? 행복의 구성요소를 살펴보는 이유는 다름 아닌 행복하기 위해서이다. 행복은 여러 구성요소들로 이루어져 있고 따라서 그 구성요소 하나하나를 강화하고 실현하는 것이 바로 행복이기 때문이다.

아리스토텔레스는 행복의 구성요소로 세 가지를 들고 있다. 내적인 좋음과 외적인 좋음, 그리고 영향력과 행운.

내적인 좋음은 자기 자신의 좋음이다. 자기 자신을 이루는 것은 정신과 육체이므로 결국 내적인 좋음은 혼(이성, 정신)과 몸의 좋음이다. 흔히 말하는 건강한 몸과 건강한 정신이다.

외적인 좋음은 좋은 가문, 친구, 부, 명예와 같은 자기 이외의 것들의 좋음이다. 나아가 그는 행운(영향력)과 같은 우연적, 운명적 좋음도 행복의 구성요소로 본다. 그러나 행운은 행복의 요소이면서 동시에 시기의 대상이자 불행의 이유도 된다. 이 세 가지 좋음이 다 갖춰지는 것이 최상이며, 그 중 내적인 좋음이 가장 중요하다고 보았다.

아리스토텔레스처럼 자기와 그 밖의 것을 구분하여 행복을 설명하는 것도 가능하겠지만 고통과 쾌락, 인간의 이성적·사회적 본성을 기초로 해서 행복의 구성요소를 설명하는 것도 가능하다. 마르쿠스 아우렐리우스는 말한다.

"그대는 지금까지 어디서도 행복을 찾지 못한 채 무작정 방황했던 경험을 갖고 있다. 훌륭한 인생이란 삼단논법, 부, 명성, 쾌락이나 그 밖의 어떤 것에서 발견되는 것이 아니다. 그렇다면 참된 행복은 어디에 있는가? 그것은 인간의 본성이 원하는 대로 행하는 데에 있다."

행복의 4가지 요소

그렇게 보면 행복은 소극적 요소와 적극적 요소, 사회적 요소와 개인적 요소의 4가지로 구성된다고 할 수 있다.

행복의 소극적 요소는 '고통의 종식'이다. '안녕한 것, 별 탈 없이 편안한 것'이 행복이다. 고통은 궁핍, 불편, 불안, 불화, 갈등, 전쟁, 공포, 질병, 재난, 사고, 장애, 권태, 예속 등으로부터 생겨난다. '고통의 종식'은 누구나 바라는 바지만 그러나 행복의 유일하거나 절대적인 요소는 아니다. 대의를 위해 고통을 무릅쓰거나 심지어 목숨까지 바치는 사람도 얼마든지 있다.

행복의 적극적 요소는 '소망의 성취'다. '평소 바라는 바가 이루어지는 것'이 행복이다. 소망이란 '인간의 수많은 욕망 중에서 합리적이고 바람직한 욕망'을 말한다. 소망은 진학, 취업, 연애, 결혼, 출산, 건강, 승진, 집, 부, 명성, 사회적 지위, 자아실현과 같은 삶의 다양한 목표들이다.

행복의 소극적 요소와 적극적 요소는 정반대로 작용하지만 한편 서로 긴밀히 연관되어 있다. 고통의 종식이 소망 그 자체이기도 하고, 소망의 성취는 고통을 완화한다.

문제는 고통과 소망이 일회적이지 않다는 데 있다. 하나의 고통이 소멸하면 곧 그 자리를 새로운 고통이 차지한다. 새로운 고통이라고 했지만 존재하지 않던 고통이 새로 발생하는 것이 아니라 대부분 잠재되어 있거나 부차적인 고통이 가장 중요한 고통으로 대두하는 것이다. 소망 또한 마찬가지다. 하나의 소망이 성취되면 그 기쁨은 곧 일상이 되고 새로운 소망이 생겨난다. 한강 조망권 아파트도 한 달이면 범상한 것이 되고 입주자들은 커튼을 친다. 우리가 고통의 종식과 소망의 성취라는 굴레로부터 쉽게 벗어날 수 없는 이유다.

사회적 존재인 인간에게 관계의 행복이 없으면 행복은 미완성이다. 인간이 사회적 관계에서 느끼는 보람·긍지가 행복의 사회적 요소이다. 보람은 사랑, 자비, 덕, 선행, 봉사, 책임, 희생 등등으로 구성된다. 즉 행복이란 고통이 해소되고 소망이 성취되며, 사회적 관계 속에서 보람을 느끼는 것이다.

그러나 사람이 아무리 노력해도 고통은 종식되기 어렵고 욕망은 성취되기 어렵다. 따라서 고통을 견디는 힘을 키우고 불필요한 욕망은 줄일 필요가 있다. 많은 것을 욕망한다는 것은 다른 말로 많은 것의 노예가 된다는 뜻이기도 하다. 스스로가 사회적 존재임을 자각하고 자아를 제어하고 타자에 헌신하기 위해서는 자기를 넘어서는 영적 성장이 필수적이다. 그것이 바로 행복의 개인적 요소이다.

따라서 행복은 고통의 해소(소극적 요소), 소망의 성취(적극적 요소), 사회적 보람(사회적 요소), 영적 성장(개인적 요소)의 복합체라 할 수 있다. 위 4가지 구성요소는 개념상 독립적이어서 그 자체로 행복의 이유가 되고, 한편으론 서로 영향을 주고받으면서 전체로서의 행복을 구성한다. 종교가 그 필연성이나 합리성 여부를 떠나 오늘날 인류의 일상적인 문화양식으로 자리 잡은 것도 행복의 4요소와 긴밀히 관련되고, 강한 소구력을 갖고 있기 때문이다.

책임의 행복

　모든 강요된 것은 고통이고 고통은 곧 불행이다. 따라서 생명이 있는 것들에게 자유는 행복의 제1차적 조건이다. 자유의 반대말은 그냥 부자유가 아니라 노예다. 그러나 사람들은 자유가 행복인 것은 알지만 책임이 행복인 것은 잘 모른다. 책임을 다했을 때의 긍지와 보람, 자존감을 간과하는 것이다. 자유가 행복의 개인적, 소극적 요소라면 책임은 행복의 적극적, 사회적 요소다.

　마르쿠스 아우렐리우스는 '상아 어깨'를 갖는 꿈을 꾸었다고 한다. 어깨는 책임감의 상징이다. 책임을 말할 때 우리는 '어깨가 무겁다'고 한다. 상아로 된 강한 어깨는 맡은 바 책임을 완수하려는 간절한 소망의 표시다. 행복하기 위해서는 무거운 짐을 마다하지 않는 '낙타의 정신'도 필요한 것이다. 아우슈비츠 수용소에서 생환한 심리학자 빅터프랭클은 "(미국) 동부 해안에 있는 자유의 여신상에 (상호)보완이 되도록 서부 해안에 책임의 여신상을 세워야 한다"고 말한다.

　책임이 얼마나 강력한 힘을 발휘하는지 보여주는 슬픈 이야기가 하나 있다. 로마의 폭군 칼리쿨라가 기사인 파스토르의 아들을 감금하고 파스토르의 간청에도 불구하고 아들을 즉석에서 처형했다. 이유는 파스토르의 아들이 기분 나쁘게(?) 멋지고 잘생겼다는 것이었다. 그리고는 바로 그날 만찬을 열고 파스토르를 초대하여 그에게 술과 향유와 화관을 하사했다. 파스토르는 슬픈 기색 하나 없이 밤새 술을 마시고 떠들썩하게 만찬을 즐겼다. 왜 그랬을까? 그 이유가 참으로 비장하다. 세네카는 말한다. "그에게는 또 다른 아들이 있었다."

행복하지 않은 사회

사람이 감당할 시험밖에는 너희가 당한 것이 없나니.

고린도전서

헬조선

"캐나다는 재미없는 천국이고, 한국은 재미있는 지옥이다."

한때 캐나다 이민이 유행일 때 이런 말이 회자되곤 했다. 재미가 없다면 진짜 천국은 아닐 테고 재미가 있다면 역시 진짜 지옥은 아닐 것이다. 그러나 재미를 떠나 지옥 소리가 나온다는 것은 그만큼 한국에서의 삶이 힘들다는 것을 반증한다.

인간은 폴리스(공동체)적 존재이다. 공동체를 떠나서는 생존할 수 없고 행복할 수도 없다. 공동체와의 분리, 단절은 그만큼 심각한 위기이고 시련이자 고통이다. 강제추방은 그 자체로 생명형에 버금가는 가혹한 형벌이었다. 주지하듯이 소크라테스는 추방형을 택하는 대신 독배를 들었다.

이민은 강제추방과는 다른 것이지만 그 역시 반은 강요된 것이다. 현재의 고통이 견딜 만한 것이고, 희망이 조금이라도 남아 있다면 인간은 좀처럼 공동체로부터의 이탈을 결심하지 않는다. 그런 점에서 이민 또한 자발적 추방이다.

그로부터 꽤 세월이 흘렀다. 그러나 여전히 한국은 살기 힘든 사회다. 젊은이들 사이에서는 '헬조선', '이생망'이라는 자조 섞인 신조어마저 등장했다. 도대체 왜 이런 일이 생겨난 것일까? 5천년 역사에서 처음으로 기아와 궁핍을 극복하고 물질적 풍요를 이루었는데, 해방 후 불과 몇 십 년 만에 전 세계가 부러워할 산업화와 민주화를 동시에 이루었는데, 왜 오늘의 대한민국은 여전히 지옥인가? 왜 우리의 삶은 불행한 것인가?

고비용 사회

한국사회는 유래 없는 고비용 사회다. 하루하루의 삶을 영위하는 데 너무 많은 돈이 든다. 따라서 직장을 잃거나 소득수준이 감소하면 종전의 삶의 질을 유지하기 매우 어렵다. 돈이 없으면 곧장 생활수준이 급격히 하락하고 불행해지는 것이다.

2020년 기준 가구당 월평균 소비지출은 240만 원 정도라고 한다. 그나마 보수적으로 잡은 액수다. 빚이라도 없으면 견디겠는데, 국민 1인당 빚이 1,700만원을 넘는다. 신생아는 1,700만 원 이상의 빚을 지고 세상에 태어나는 셈이다. 노인의 빈곤율도 심각하다. 노인인구의 40% 이상이 빈곤에 허덕이고 있고, 이는 OECD 평균의 3배 수준이다.

자본주의사회는 생존에 필요한 재화와 용역을 대부분 돈을 주고 사는 사회다. 때문에 일정 수준 이상의 돈과 소비지출이 필요한 것은 사실이다. 그러나 그 정도가 너무 과하다. 자급자족사회로 돌아갈 수 없는 이상 생존비용을 줄일 필요가 있고 특히 교육비, 의료비, 주거비, 정보비, 문화비에 대해서는 국민의 기본권으로 인식하고 사회보장정책을 강화해나가야 한다. 그렇지 않으면 누구나 언제든지 불행의 나락으로 떨어질 수 있다.

돈은 사실 그 자체로 아무런 가치나 효용이 없다. 흔한 말로 개도 먹지 않는다. 존 스튜어트 밀은 돈이 수단에서 목적으로 전환되는 과정을 이렇게 설명한다.

돈은 단지 다른 어떤 것을 얻기 위한 수단이었다.
사람은 돈이 아니라 다른 것(재화와 그 효용)을 욕망하고 그 때문에 돈이 필요한 것이다.

그러나 돈은 일반 재화와는 다른 특징이 있다.

다른 재화는 한 가지 욕구만 충족시키지만 돈은 욕구 전반에 소용된다.

돈은 언제든 타인의 노동 또는 그 결과물을 살 수 있는 능력의 단위로 인식되는 것이다.

그리하여 돈은 점차 그 자체로 목적의 일부분으로 전환된다.

이제 돈은 사용하지 않고 가지고 있는 것만으로도 행복하고, (욕구가 충족되어) 더 이상 돈이 필요 없어도 더 가지고 싶어진다.

초경쟁 사회

한국사회는 극심한 경쟁사회다. 진학, 취업, 결혼, 내 집 마련 등 삶의 제반 영역에서 경쟁이 매우 치열하다. 높은 인구밀도와 교육열, 부족한 일자리, 도시화, 수도권 집중 현상 등 복합적 원인 때문이다. 특히 기계화·자동화·인공지능 기술의 발전 등으로 좋은 일자리는 계속 감소하고 있고, 부족한 일자리를 둘러싸고 청년층 내부는 물론 청년층과 장년층 간의 세대 간 경쟁도 심각하다.

최근 들어 젊은 세대 사이에서 젠더갈등이 일어나고 공정의 이슈가 크게 부각되는 것도 진학, 취업 등에 있어서 경쟁이 극심한 것과 관련이 있다. 행복의 제1조건은 좋은 일자리, 안정된 직업이다. 항산(恒産) 없이는 항심(恒心)이 있을 수 없다. 일정한 직업과 수입이 없으면 생활의 안정도 마음의 평온도 미래의 계획도 불가능하다.

특히 우려되는 것은 미래사회의 주역인 어린이들의 정신건강이다.

일생에 걸쳐 유일하게 근심과 걱정이 적은 때가 바로 어린 시절이다. 그러나 한국 어린이들의 정신적 웰빙지수는 OECD 회원국 중 최하위권이다. 구김살 없이 마음껏 뛰어놀 나이에 벌써 학업경쟁이 시작되고 학교와 학원을 오가는 생활이 반복되다보니 스트레스가 잔뜩 쌓이고 자기만 아는 이기적 존재로 성장하는 것이다.

인류의 생존방식은 경쟁과 협력이다. 경쟁이 없으면 재미도 없고 발전도 없다. 반면에 협력이 없으면 안정도 평화도 기대하기 어렵다. 경쟁과 협력의 조화가 중요한 것이다. 경쟁은 혁신을 유발하고 개인과 사회의 발전을 촉진하지만 한편으론 과로와 스트레스, 사회적 유대의 감소를 초래한다. 경쟁으로 내몰릴수록 인간의 삶은 피 냄새가 나고 이기주의와 생존본능이 득세하는 동물적 삶으로 전락하게 된다. 개체수가 급격히 늘어난 침팬지 무리는 먹이와 짝짓기 상대를 놓고 치열한 생존경쟁을 벌이다 종종 다른 침팬지를 살해하기도 한다.

불안사회

불안과 긴장 속에서는 행복을 누릴 수 없다. 행복은 무엇보다 심신의 평온을 전제로 한다. 그러나 한국사회는 불안사회다. 다종다양한 공포와 두려움이 존재한다. 남북 분단과 대치로 인한 전쟁의 위험, 각종 범죄로 인한 두려움, 사회적 · 자연적 재해에 대한 공포, 기후변화, 미래에 대한 불안 등등이 그것이다. 앞서 말한 실직의 공포도 마찬가지다.

그리고 이와 같은 불안은 정치권과 언론에 의해서 적절하게 과장되거나 유포된다. 보수적 정치집단일수록 불안심리를 조장하는 경향이 있다. 특히 언론은 불안과 공포를 먹고 산다. 평화로운 일상은 언론의

무덤이다. 하다못해 사람이 개라도 물어야 한다.

범죄문제만 하더라도 그렇다. 과거에 비해 오늘날 범죄가 급격히 늘었다는 유의미한 통계는 없다. 어쩌면 인구대비 범죄발생률은 큰 차이가 없고, 비율불변의 법칙이 작용하는지도 모른다. 그러나 우리가 느끼는 체감범죄율은 매우 높다. 언론의 노출빈도 때문이다. 언론은 자극적인 사건에 관심이 많고 그러한 보도가 잇따르다 보니 일어나는 착시현상이라 할 수 있다.

물론 불안의 원인을 파악하고 제거하기 위해 노력해야 한다. 그러나 한편 우리가 헛된 불안, 가상의 공포에 살고 있음도 잊지 말아야 한다. 걱정하던 일의 태반은 실제로 일어나지 않는다는 것을 우리는 경험으로 알고 있다. 하늘이 무너질까 늘 노심초사했다는 기 나라 사람의 고사(杞憂)는 아직도 실현되지 않았다.

불화사회-양극화

행복지수가 높은 나라들, 이를테면 핀란드, 덴마크, 스위스, 부탄 같은 나라들의 공통점은 무엇일까? 그렇다. 모두 인구가 1,000만 명이 안 되는 나라들이다. 인구가 작은 나라일수록 공동체가 살아 있을 가능성이 크다. 사상과 종교, 문화와 전통을 공유하고, 사회적 유대가 유지되고 있는 것에 행복의 이유가 있다. 그리스의 7현인(賢人)이자 성스러운 입법자로 불린 솔론은 '어떻게 하면 사람들 사이에서 부정한 행위가 줄어들 수 있느냐'는 질문에 "부정한 일을 당하지 않은 사람들이 부정한 일을 당한 사람들과 마찬가지로 분개한다면"이라고 답했다.

그러나 우리는 어떤가? '하나의 나라, 두 개의 조국'이라 불릴 만큼 양극화가 극심하다. 부익부 빈익빈을 뜻하는 경제적 양극화뿐 아니라 이념의 양극화, 정치의 양극화도 심각하다. 세대 간의 불화도 폭발직전이다.

압축성장, 압축민주화라는 말이 있을 정도로 한국사회는 해방 후 불과 70년 사이에 급격한 경제성장과 민주화를 이루어냈다. 특유의 성실과 끈기로 서구 선진국이 수백 년에 걸쳐 이루어낸 성과를 단시일에 성취한 것인데, 그에 따른 부작용도 적지 않다. 이제 동시대에 전근대와 근대, 현대와 탈현대가 물리적으로 공존하는 것이다. 식민지배와 한국전쟁을 거친 할아버지 세대와 군부정권에 맞서 산업화와 민주화를 이룩한 아버지 세대와 가상의 사이버 공간이 더 익숙한 디지털세대가 함께 공존하는 것이다. 그에 따른 가치관의 혼란과 갈등, 세대장벽은 심각하다. '라떼와 싸가지'가 극심하게 대립하고 있는 것이다.

장자크 루소의 말처럼 격차를 줄여야 한다. 소득과 자산의 불평등을 완화하고, 도시와 농촌, 남성과 여성, 대기업과 중소기업의 격차를 해소하여야 한다. 정규직과 비정규직, 정신노동과 육체노동, 내국노동자와 외국노동자의 차별도 시정되어야 한다. 임금근로자 중 비정규직이 차지하는 비중이 40%에 육박하고 평균임금의 차이는 150만 원을 상회한다. 공무원과 공공부문, 대기업 근로자의 노조가입률은 매우 높은 반면 중소기업 근로자의 노조가입률은 월등히 낮아 격차는 줄어들지 않고 더욱 커지고 있다. 취업 근로자에 비해 상대적으로 열악한 지위에 있는 자영업자, 실업자에 대한 적절한 보호와 지원도 이루어져야 한다.

불필요한 이념대립과 정쟁도 지양되어야 한다. 공동체 내부의 경쟁은 진검이 아니라 목검으로 하여야 한다. 시비론(是非論)이 아니라 능력론(能力論)이 지배하여야 한다. 남녀, 지역, 세대, 이념 갈등을 치유할 새로운 공동의 가치질서를 함께 형성해야 한다. 정치·경제·심리·문화의 총체적 내전상태에서 평화와 행복은 요원하다.

피로사회

한병철은 그의 〈피로사회〉에서 '21세기는 규율사회(부정성의 패러다임)에서 성과사회(긍정성의 패러다임)로 성격이 변모하였고, 타자착취가 아니라 자기착취가 지배하며, 성과에 대한 압박, 자신과의 절대적인 경쟁으로 인한 피로와 탈진, 우울증이 만연하게 되었다'고 주장한다.

독일과 같은 서구선진국을 주된 분석대상으로 한 것이고, 타자착취와 자기착취가 혼재된 한국사회에 그대로 적용하기는 이른 감이 있으나, 시사하는 바도 적지 않다.

굳이 그의 지적이 아니더라도 한국인은 매우 피곤하다. 한국인의 만성적인 피로현상을 뒷받침하는 통계는 여럿 있다. 그 중 하나가 노동시간이다. 2019년 기준 우리나라의 연간 근로시간은 1,967시간으로 OECD 평균 1,726시간보다 241시간 더 일하는 것으로 나타났다. 우리보다 더 많은 시간 일하는 OECD 국가는 멕시코(2,137시간)가 유일하다.

일이란 양면성이 있다. 자아실현의 수단, 즐거움이면서 동시에 고통의 원인이 되기도 한다. 하고 싶은 일을 자유롭게 하는 것이 즐거움이라면 하기 싫은 일을 강제로 그것도 오랫동안 하는 것은 고통이다.

조금 오래된 조사지만 세계보건기구의 보고서에 따르면 2014년 기준 한국인의 1인당 음주량은 조사대상 190여 개국 중 15위 수준이다. 우리보다 알코올 섭취량이 많은 국가는 대부분 옛 소련과 동유럽

국가들이고, 아시아에서는 한국이 1위다. 긴 시간 노동과 잦은 회식, 음주 등으로 저녁이 없는 삶을 살다보니 국민의 피로도가 심한 것이다.

일과 후에 동료, 친구 등과 함께 즐거운 술자리를 하는 것은 소소한 행복이지만 과도한 음주는 건강을 해치고, 예기치 않은 사고나 범죄로 이어지기도 한다. 한국은 이제 조용한 아침의 나라가 아니라 소란한 밤의 나라이고, 수면부족과 만성피로에 찌든 피곤한 사회가 바로 한국의 자화상이다.

정보화 사회

비교는 불행으로 가는 지름길이다. 질투는 그 자체로 불행이다. 세네카는 "다른 사람이 행복하다고 괴로워하는 자는 결코 행복하지 못하다"라고 말한다.

한국사회는 고도로 발전된 정보화 사회이고 미디어 사회이다. 정보통신기기와 각종 미디어의 발달로 정보의 생산과 유통이 광범위하게 실시간으로 이루어지고 있다. 이제 우리는 스마트폰 하나로 전 세계의 동향은 물론 유명인사들, 특정인의 일상적 삶까지 속속들이 들여다 볼수 있다. 선망과 비교의 대상이 끝이 없이 확대되었고 그만큼 상대적 빈곤, 박탈감도 커진다.

신은 공평하다. 세상에 완전한 사람은 없고, 아무리 뛰어나고 유능한 존재도 다른 어떤 점에서는 타인보다 부족하기 마련이다. 아래를 보고 더 큰 고통을 보아야 한다. 올려다볼수록, 선망하면 할수록 인간은 불행해진다. 사람의 키는 도대체 얼마나 커야 좋을까? 링컨의 대답이 걸작이다. "다리가 땅에 닿으면 그만!"

정보화 사회와 관련하여 심각하게 고려해야 할 것이 노인들의 정보지체현상이다. 현대사회는 각종 정보통신수단과 자동화기기, 전자상거래 등을 활용할 능력이 없으면 매우 불편하고 심지어 생존이 불가능한 시대다. 정보지체, 기술지체가 불행의 직접적 원인이 되는 것이다. 따라서 노인계층의 정보·기술 지체를 생존권의 문제로 인식하고 다양한 지원 및 개선방안을 모색할 필요가 있다.

'마을에 노인 한 사람이 있으면 도서관이 하나 있는 것과 같다'고 했다. 불과 얼마 전까지만 하더라도 노인세대는 삶의 다양한 경험과 지혜로 가정에서나 사회에서나 그 권위를 인정받아왔다. 그런 노인들이 이제 급격한 사회변화에 적응하지 못해 고통을 받고 있고 스마트폰 하나 조작하지 못한다고 타박 받는 천덕꾸러기 신세가 되었다.

한국사회의 아킬레스건

한국사회의 아킬레스건은 단연 자영업자 문제이다. 진작부터 못 살겠다는 원성이 자자했으나, 코로나19 사태로 영업제한까지 일상화되면서 문을 닫고 폐업하는 가게가 속출하고 있다. 전 재산을 들여 창업했다가 불과 몇 달을 견디지 못하고 빚만 잔뜩 진 채 파산하는 것이다. 그들 중 일부는 아예 자살이라는 극단적 선택을 하기도 한다. 왜 이렇게 된 것일까? 코로나19 사태만 종식되면 자영업자의 천국이 될 것인가?

대책 없이 자영업자만 양산되고 있는 것이 문제의 원인이다. OECD에 따르면 2018년 기준 우리나라 전체 취업자 중에서 자영업자가 차지하는 비율은 25.1%다. 38개 회원국 가운데 7위 수준이고, 우리보다 앞선 나라는 콜롬비아, 그리스, 브라질, 터키, 멕시코 등이다. 미국(6.3%), 노르웨이(6.5%), 호주(9.6%), 독일(9.9%), 일본(10.3%)보다 훨씬 높은 수치다. 지금은 그나마 코로나19 사태로 그 비율이 다소 감소했다.

한마디로 자영업자 간 경쟁이 너무 심하고 그러다 보니 폐업률이 이례적으로 높은 것이다. 자영업자의 폐업률이 89.2%에 이른다는 국세청 발표(국세통계연보)도 있다. 10개 업소가 문을 열고 9개 업소는 문을 닫는다는 이야기다. 커피숍 건너 커피숍이고 식당 건너 식당이며 미용실 건너 미용실이다. 사활을 건 경쟁이 지속되고 있고, 경쟁에서 탈락한 자는 잔뜩 빚을 지고 낙오하는 것이다.

경제활동인구의 4분의 1이 불행한 사회가 행복한 사회가 될 수는 없다. 산업구조의 변화, 좋은 일자리의 창출이 시급한 상황이다. 그러나 좋은 일자리가 말처럼 쉬운 것은 아니다. 미래에 대한 불확실성으로 인해 기업은 투자와 고용을 꺼리고 있고, 그 자리를 국가가 제공하는 값싼(세금이라는 측면에서는 값비싼) 일자리가 대신하고 있다.

변화와 위기의 시대에 모든 선택과 책임을 국민 개인에게 돌리는 것은 무책임하고 효과도 적다. 누구 말처럼 국가에 신발이 없는 이유가 대장장이가 많기 때문이고, 국가에 무기가 없는 이유가 구두장이가 많기 때문인가? 쌀이 부족하면 어민들이 많아서이고 생선이 부족하면 농부들이 많아서인가?

국가가 나서야 한다. 정책이 변해야 한다. 자영업자 수를 대폭 줄이고 이를 기업부문이 흡수할 수 있도록 산업구조를 재편하여야 한다. 기업은 고용과 세수의 원천이다. 창업이 우후죽순처럼 활발히 이루어지도록 지원하고 중소기업이 중견기업으로 중견기업이 대기업으로 성장할 수 있는 경제생태계를 조성하여야 한다. 신성장동력과 미래산업에 대한 정부의 연구개발과 정보제공도 충실히 이루어져야 한다.

　성장과 복지 두 마리 토끼를 잡으려는 전략이 유럽의 '유연안전성 모델'이다. 기업들이 급변하는 경제환경에 빠르게 대응할 수 있도록 고용(해고)에 있어 유연성을 보장하되, 실직한 자들의 삶의 질을 국가가 보장하고, 재교육·재배치를 통해 새로운 산업분야에 투입한다는 전략이다. 단지 추락을 방지하는 '안전망'이 아니라 새로운 일자리를 제공하여 재도약으로 이끄는 '트램펄린' 전략이다. 복지가 취약한 우리나라에서는 유연성이 아니라 안정성이 먼저이고 따라서 '안전유연성' 전략이 필요하다는 주장도 있다.

　유연안전성이든 안전유연성이든 이를 실현하기 위해서는 정부와 기업, 노동자의 상호신뢰와 대타협이 필요하다. 그러나 우리의 현실은 어떤가? 여전히 타협은 이루어지지 않고 유연성은 떨어지고 안전망은 취약하다. 기업은 해고에 어려움을 겪고 있고, 근로자는 한 번 실직하면 직전의 삶의 질로 돌아가기 힘들다.

행복론은 정의론이다

정의에 대한 동경은 곧 행복에 대한 동경이다.

한스 켈젠

5포 세대

앞서 한국사회가 불행한 이유를 여러 가지 각도에서 조명해보았다. 그렇다면 이러한 모든 사회적 불행요소(초경쟁, 고비용, 미래 불안, 양극화 등)를 온몸으로 떠안고 있는 존재는 누구인가? 바로 청년세대다. 오죽하면 5포 세대(연애, 결혼, 출산, 인간관계, 내 집)니 7포 세대(5포+ 취업, 희망)니 하는 말이 있겠는가? 태어나서 잠깐 철모르는 시절을 보내고 나면 바로 가혹한 학업경쟁이 시작되고 이어 진학, 취업, 결혼, 출산, 내 집 마련 등 산적한 문제가 그들을 기다린다.

특히 그들의 포기 목록에 '희망'이 들어 있다는 사실은 충격적이다. 아무리 삶이 고통스러워도 희망이 남아 있는 한 인간은 견딜 수 있고 행복할 수 있다. 희망은 목숨과도 같은 것이다. 농부는 굶어 죽어도 종자는 베고 죽는다. 그런데 판도라의 상자(항아리)에 마지막으로 남아 있어야 할 그 '희망'마저 포기한 것이다.

29세 미만 청년세대의 빚이 1인당 3,000만 원을 넘는다. 비싼 등록금, 주거비, 생활비 때문이다. 사회초년생의 삶을 빚부터 지고 시작하는 것이다. 취업을 해야 빚을 갚을 텐데 공식적인 청년 실업률은 10%이고, 실질 실업률은 25% 내외이며, 체감 실업률은 50%가 넘는다. 기성세대야 서서히 일선에서 은퇴하면 그만이지만 청년세대는 하루가 다르게 급변하는 세상을 앞으로도 오랫동안 견디고 살아나가야 한다. 특히 그들이 희망을 포기하는 데까지 나아가지 않도록 대책을 세워야 한다. 희망은 '눈을 뜨고 꾸는 꿈'이다. 아리스토텔레스의 말처럼 '잠을 깬 자의 꿈'이다.

우선 그들의 대표성이 보장되어야 한다. 20대의 인구비율이 전체

인구의 13.1% 정도 된다고 하는데 현역 국회의원은 1명 있을까 말까 정도다. 국회든 지방의회든 20대가 인구비율에 상응하게 정치에 참여해서 그들 세대의 이해를 직접 대변할 수 있도록 정치구조·선거제도가 개편되어야 한다. 이를 위해서는 국회의원의 피선거권 연령도 성년(만 19세 이상)으로 바뀌어야 한다. 20대의 아픔, 20대의 희망은 20대가 가장 잘 알지 않겠는가?

분단체제의 전환

한국사회가 불행한 근원적 원인은 분단체제에 있다. 남북의 분단은 전쟁의 공포와 불안을 야기하고, 이념갈등을 조장하고, 복지지출을 위축시키고, (Korea discount, 징병제 등으로) 성장 동력을 갉아먹는다. 한국사회가 불안, 불화, 양극화, 침체라는 불행요소로부터 벗어나지 못하는 본질적 이유가 분단에 있다. 이산가족들의 아픔과 상처는 말할 필요도 없다. 따라서 분단체제를 극복하는 것이야말로 행복의 지름길이다.

한국의 국방비 지출 규모는 세계 9위권(440억 달러)이고, GDP(국내총생산)대비 국방 예산 비율은 세계 5위 수준이며, 정부예산의 10% 가까이가 국방비로 지출된다. 반면 북한의 국방비 지출규모는 약 16억 달러로 한국의 1/27.5 수준이다. 과도한 국방비 지출은 복지·교육·문화·관광·환경·R&D·중소기업·에너지 부분의 예산과 투자 부족으로 이어질 수밖에 없다.

분단체제는 남북의 대립뿐 아니라 남한 내부의 이념·세대갈등을 조장한다. 분단체제의 극복은 우리 내부의 평화와 마음속의 삼팔선을 걷어내는 데도 필요하다. 자아검열과 이념적 경직성에서 벗어나 자유롭게 사고할 수 있어야 하고, 학문과 사상의 자유가 더욱 확대되어야 한다. 필요에 따라 좌·우의 정책을 유연하게 채용할 수 있어야 한다. 왜 남한은 좀 더 평등해지고 북한은 좀 더 자유로워져서는 안 되는가? 왜 영·미의 창의성과 유럽의 평등성은 조화될 수 없는가?

분단체제를 신속히 평화체제로 전환하여야 한다. 우선 우리 내부의 분열과 갈등을 극복해야 한다. 평화체제가 분단체제보다 저비용 고효율 체제이며 평화와 경제, 복지, 삶의 질 모든 측면에서 유리하다는 확고한 인식이 자리 잡아야 한다.

북한 정권과 민중의 의구심을 불식시키는 것도 필요하다. 평화공존이 목표이고 평화와 교류는 즉시 실현되어야 하지만 통일은 해도 좋고 안 해도 좋다는 평화우선의 원칙을 천명하고 분명한 메시지를 보여야 한다. 한반도의 평화가 미·일·중·러 등 주변국 모두에게 이롭다는 점에 대한 다양한 논리의 개발과 맞춤형 설득이 필요하다.

평화체제는 궁극적으로 통일체제로 향하게 될 것이다. 우리는 언어와 문화를 같이하는 한핏줄 한민족이며, 통일체제야말로 항구적 평화체제요, 한민족의 융성을 가져올 체제이기 때문이다. 통일 한국은 인구와 영토, 국력의 모든 측면에서 명실상부한 세계의 주요 선도국이 될 것이다. 남한의 자본과 기술, 북한의 자원과 노동력이 결합하면 비약적인 경제발전을 이룰 수 있을 것이며, 평화와 문화를 사랑하는 민족으로서 세계에 크게 기여하게 될 것이다. 기존의 남·북 연방제 논의를 넘어 남·북 문제와 지역문제를 동시에 해결하는 방안으로서 8도 연방제 등 창의적이고 도전적인 상상력이 요구된다.

좋은 일자리

여기 실업자가 한 사람 있다. 그를 고용해서 삽으로 땅을 파고 다시 메우는 일을 반복하게 한다고 하자. 결과는 어떻게 될까? 아마 며칠 못가서 삽을 팽개치고 도망치고 말 것이다. 일이란 그런 것이다. 생계의 수단이기도 하지만 그 자체로 행복의 요소이다. 우리는 일에서 성취감과 흥미, 창조성, 보람을 느낀다. 인간은 도구를 만들고 노동을 하면서 동시에 자기 자신도 만든다. 자아를 실현한다. 말 그대로 '호모파베르'이다.

오늘 한국사회가 불행한 가장 중요한 이유는 좋은 일자리가 부족한 데 있다. 좋은 일자리란 무엇인가? 안정된 직장, 괜찮은 보수, 자유로운 노동, 풍부한 사내 복지 등이 그 요건일 것이다. 그런 일자리가 전혀 없지는 않다. 대기업·공공기관의 정규직 일자리가 대체로 그에 해당한다 할 것인데 문제는 그 수가 매우 적다는 데 있다. 전체 경제활동인구의 1/5 정도에 불과하다. 나머지 2,000만 명은 열악한 처지의 중소기업 근로자이거나 비정규직 근로자, 영세자영업자 등이다.

과거 경제성장률이 연 10%를 상회하던 시대에는 6~7년이 지나면 경제규모가 2배로 커지고, 그에 따라 일자리도 2배로 많아졌다. 그러나 현재는 1~2%대의 장기 저성장 시대이고 기계화·자동화로 인해 고용 없는 성장이 지속되고 있다. 한마디로 좋은 일자리는 부족하고 그로 인해 경쟁은 더욱 치열해지고 있는 것이다.

일자리의 대부분은 결국 기업 특히 중소기업과 서비스업 부문이 제공하고 있다. 따라서 창업하기 좋은 나라, 사업하기 좋은 나라를 만드는 것이 좋은 일자리를 만드는 첩경이다. 특히 벤처기업의 대대적 육성은 고용과 성장 2마리 토끼를 잡는 효과적인 방법이다.

결국은 정치의 문제

모든 사회문제는 결국 정치의 문제다. 현대국가는 결국 법과 예산을 통해 운영되는데, 법을 제정하고 예산을 세우며 우선순위에 따라 자원을 배분하는 것이 정치(정부와 의회)의 기능이기 때문이다.

우리는 현재 분열의 시대, 미증유의 격변의 시대를 살고 있다. 따라서 차기 정부의 최대 과제는 '통합'과 '유능'이 될 것이다. 남·북 관계를 포함하여 지역(동·서), 계층, 성별, 종교, 세대 간의 모든 불필요하고 소모적인 갈등과 분열을 치유하고 통합을 이루어내야 한다. 정치의 본질이 '통합'이요, '통합'은 생산성이자 에너지요 신명이다. 한 발로 달려서는 잘 달릴 수도 오래 달릴 수도 없다. 한쪽 날개로는 아예 날 수조차 없다.

한편 차기 정권은 유능해야 한다. 산적한 분열과 갈등을 극복하고 남·북 문제, 외교, 경제, 교육, 부동산 등 복잡한 현안을 제대로 해결하기 위해서는 매우 정교한 정책을 수립하고 이를 힘 있게 집행할 능력 있는 정부가 필요하다.

정치의 문제는 결국 사람의 문제다. 대표자를 잘 뽑아야 하고, 성별, 지역, 세대, 이념에 구애됨 없이 유능한 인재를 양성하고, 골고루 등용할 수 있어야 한다. 그러기 위해서는 국민이 현명해야 한다. 정치의 수준은 곧 국민의 수준이다. '커널 샌더스(KFC 창업자)에게 투표한 병아리'란 말이 있다. 미국에서 공화당에 투표한 아프리카계, 아시아계, 라틴계 미국인을 가리키는 말이다.

비례대표제의 확대

사실 한국정치의 가장 큰 문제는 성별, 연령별, 계층별, 직능별 대표성이 전혀 확보되지 못한다는 점에 있다. 비근한 예로 여성인구가 절반을 넘었는데 여성 국회의원의 비율은 17%를 약간 상회하는 선에 머물고 있다. 남성은 과다 대표되고 여성은 과소 대표되고 있으며, 50대는 과다 대표되고 나머지 연령대는 과소 대표되고 있는 것이다. 인구분포에 비례하는 의회를 구성하는 것, 비례대표제를 실질화하는 것만으로도 한국 정치는 근본적으로 변혁될 수 있다.

가장 손쉬운 방법은 추첨제민주주의를 도입하는 것이다. 국회의원과 지방의원을 추첨으로 선발하면 의회는 정확히 인구분포를 반영하는 축소판이 된다. 질적 저하를 우려하는 사람도 있지만 한국 정치에서 더 저하될 질이 있는가? 기성 정치인이 해온 일이란 편 가르고 싸우는 것이거나 자신의 재선을 도모하는 것 외에 달리 무엇이 있었던가? 질적 저하 운운은 국민에 대한 모독에 다름 아니다. 우리나라처럼 국민의 교육수준이 높고 정치의식이 발달한 나라도 없다.

민주주의의 원형을 이룬 그리스에서 이미 실증한 제도이며, 배심제와 같은 사법제도에서도 변형되어 운영되고 있다. 아리스토텔레스는 정체(政體)에 관해 논하면서 다음과 같이 말하고 있다.

"민주정체는 추첨으로 관직이 배정되고, 과두정체는 재산등급으로 관직이 배정되고, 귀족정체는 (법률로 정해진) 교육으로 관직이 배정되고, 전제정치는 한 사람이 모두의 주인인 정체다. 민주정체의 목표는 자유이고, 과두정체의 목표는 부이며, 귀족정체의 목표는 교육과 법규와 관계가 있으며, 참주정체의 목표는 참주 자신을 지키는 것이다."

당장 현실화하기 어렵다면 지방의회부터 점차적으로 도입하는 것도 방법이다. 지방의원의 추첨제는 '지역의 일은 지역 주민이 감당'하는 지방자치제도의 본질에 부합한다. 국회의원의 경우 비례대표제를 아예 폐지하고 의원정수의 1/3을 추첨으로 선발하고 나머지는 현행대로 선거를 통해 선출하는 것도 한 방법이다.

문제는 기득권의 공고한 카르텔이다. 비례대표제의 확대 내지 추첨제의 실시는 필연적으로 지역구 의원의 감소 또는 폐지와 직결되기 때문에 여야를 불문하고 종전 제도의 수혜자들의 강력한 반발에 직면할 수밖에 없다. 법을 만드는 사람들이 그들인데 아무리 좋은 제도라고 한들 자기 밥그릇을 자기가 스스로 차버리겠는가? 온갖 명분을 들어 반대할 것은 불을 보듯 뻔하며 이를 이겨낼 수 있는 것은 결국 국민의 각성과 단합된 힘뿐이다.

타협의 문화

'정치는 타협'이라고 한다. 정치란 심산유곡에서 피어나는 한 송이 백합이 아니라 흙탕물 속에서 피는 연꽃과 같다고 한다. 막스 베버에 따르면 정치인에게는 심정윤리가 아니라 책임윤리가 필요하다.

그러나 또 '원칙은 타협하지 않는다'고 한다. 그렇다면 정치는 타협인가, 비타협인가? 정당은 원칙을 같이 하는 사람들로 만들어진다. 그리고 원칙을 같이 하는 사람끼리는 애당초 타협이 문제되지 않는다. 원칙을 달리하기 때문에 타협이 문제되는 것이다.

타협은 힘이 있다. 타협은 오래간다. 그러나 불행히도 우리에게는 타협의 문화가 없다. 거대양당이 적대적 공생관계에 있고, 상대가 망해야 집권하므로 전혀 타협하지 않는다. 3개 이상의 복수정당제가 정착되어야 하고 정당 간의 연합, 연대가 일상화되어야 한다. 연합, 연대의 기본원칙은 극단의 배제, 근거리 연대, 정책연대이다. 양극단은 서로에게 적일 뿐만 아니라 중도에도 적이다.

정치의 영역에서 팬덤만큼 위험한 것도 없다. 민주주의는 의심하는 자에 의해 지켜진다. 자유의 대가는 영원한 불침번이다. '우상은 도금장이가 아니라 신봉자(信奉者)가 만든다'고 한다. 보고 싶은 것을 보는 것이 아니라 보이는 대로 보아야 한다. 언젠가 미워할 것처럼 사랑하고 언젠가 사랑할 것처럼 미워해야 한다. 누구편이 아니라 정의의 편이 되어야 한다. 니체는 "지식인은 자기의 적을 사랑할 뿐 아니라 자기의 친구를 증오할 수 있어야 한다"고 말한다.

주4일제

주4일 근무제의 도입도 논의해볼 만하다. 근로일수 단축이 생산성의 하락, 국제 경쟁력의 약화, 영세업체의 몰락으로 이어질 것이라는 우려가 있는 것이 사실이다. 사실 이런 반론은 주5일 근무제 시행 당시에도 제기됐던 문제들이다. 그러나 이제 주5일 근무제는 당연한 일상으로 정착되었다.

근로일수의 단축이 오히려 근로자의 건강, 생산성의 향상, 자원·에너지 절약, 문화·관광·레저산업의 활성화, 내수 진작, 일자리 창출, 일자리나누기(잡쉐어링)로 이어질 것이라는 긍정적 전망도 만만찮다. 기업 간의 격차가 크고, 영세 자영업자와 한계기업이 많은 우리 현실에서 당장 도입하기는 어렵겠지만 점차 그 방향으로 나아가야 할 것이다.

철학자 버트란드 러셀은 잘 알려진 사회주의자다. 그는 생산력의 발전이 인류의 행복으로 이어지지 않은 현상을 이렇게 개탄한다.

하루 8시간을 일해서 세상에 필요한 핀을 만든다고 하자.

생산력(도구, 노동력)이 발전하여 이제 같은 인원으로 2배의 핀을 만들 수 있다.

노동시간을 8시간에서 4시간으로 조정할 수 있고, 4시간의 여가가 창출된다. 그러나 노동자들은 여전히 8시간씩 일하고 인원의 절반은 직장에서 쫓겨난다.

인력의 절반이 손 놓고 노는 동안 나머지 절반은 여전히 과로에 시달리는 것이다.

생산력의 발전이 행복의 원천이 아니라 고통의 원인이 된다. 이보다 정신 나간 짓을 상상할 수 있겠는가?

왜 이렇게 된 것일까? 사회가 행복의 원리에 의해서 돌아가는 것이 아니라 이윤동기에 의해서 작동하기 때문이다. 자본주의사회는 인간의 이기심을 극대화하는 방식으로 혁신과 경쟁, 비약적인 생산성의 증대를 가져왔다. 전 세계 인구를 충분히 먹여 살리고도 남을 생산력 수준을 달성한 것이다. 그러나 여전히 굶주리는 사람이 태반이다. 지구의 절반이 굶주리는 현상은 과거에는 능력의 문제였으나 이제는 정의의 문제, 선택의 문제가 되었다.

지구촌 시대

　오늘날과 같은 지구촌 시대, 세계화 시대에는 한 나라의 노력만으로 해결할 수 없는 산적한 문제들이 있다. 테러, 내전, 동족학살, 핵전쟁의 위협, 기후변화, 환경, 에너지위기, 바이러스의 습격 등등. 말 그대로 국가라는 자결단위가 큰 문제를 해결하기 위해서는 너무 작고 작은 문제를 해결하기 위해서는 너무 큰 시대가 되었다.

　이제 우리가 행복하기 위해서도 범지구적인 문제의 동시적 해결이 필요하다. 코로나19의 세계적 대유행은 인류가 한 배를 탄 운명공동체라는 사실을 다시 한 번 절감하게 한다. 디오게네스는 지금으로부터 2,400년 전에 이미 자신을 세계시민으로 규정했다. "유일하게 올바른 나라는 범세계적인 것"이라고 말했다. 모든 것은 서로 연결되어 있고 소통한다고 보았기 때문이다. 세계정부로서 유엔의 기능이 한층 강화되어야 하고, 특히 유엔안전보장이사회 회원국의 확대와 거부권제도의 폐지 및 다수결제도의 확립이 필요하다.

　나라의 위상이 커진 만큼 이제 우리나라도 명실공히 '받는 나라에서 주는 나라'가 되어야 하고, 국제사회가 요구하는 책임과 역할도 기꺼이 감당해야 한다.

　이웃나라들과의 관계개선도 필요하다. 갈등은 본래 가까운 사람, 이웃과의 사이에서 생긴다. 모르는 사람과는 불화가 생길 여지가 없다. '일본에게는 가위바위보도 져서는 안 된다'고 하는데 지나친 과민반응이고 피해의식이다. 가위바위보는 본래 승패의 우연성에 놀이의 존재 이유가 있다. 그들이 반성하지 않기 때문이라고 하지만 언제부터 그들이 우리의 선생인가?

중국에 대해서도 마찬가지다. 잘한 일은 칭찬하고 못한 일은 비판할 수 있어야 한다. 좋은 것은 좋은 것이고 나쁜 것은 나쁜 것이다. 진리에는 국경이 따로 없다. 중국의 영향권 아래서 수천 년을 살았지만 흡수·동화되지 않고 독자적인 문화를 유지하고 꽃피운 것이 우리민족이다. 일제가 30년 이상을 삼켰으나 소화되지 않고 끝내 토해낼 수밖에 없었던 것도 대한민국이다. 당당하고 쿨하게 행동할 필요가 있다. 잘한 일에 박수칠 수 있어야 잘못한 일도 비난할 수 있다.

무지(無知)의 베일

그 밖에도 한국사회에는 산적한 문제들이 있고 그 어느 것 하나 간단하지 않다. 그러나 필자는 우리사회의 미래를 낙관한다. 팔이 안으로 굽어서가 아니라 숱한 고난과 역경을 이겨온 한국인의 저력을 믿기 때문이다. 총명하고 재주 많고 근면하며 평화와 문화를 사랑하는 민족성을 한없이 신뢰하기 때문이다.

좋은 사회, 행복한 세상을 위해서는 '무지의 베일' 뒤에서 법과 제도, 규칙을 만들어야 한다. 무지의 베일(Veil) 원리란 이런 것이다. 자신이 남자로 태어날지 여자로 태어날지, 경상도에서 태어날지 전라도에서 태어날지, 부자로 태어날지 가난한 자로 태어날지, 장애인으로 태어날지 비장애인으로 태어날지, 기업가로 태어날지 노동자로 태어날지, 정규직으로 태어날지 비정규직으로 태어날지 전혀 알 수 없다는 전제와 가정하에서 자신이 살고 싶은 세상을 계획하고, 그 운영규칙을 만들어내는 것이다. 분명 지금보다 훨씬 평등하고 평화롭고 우애가 넘치는 세상이 될 것이다.

기억하라. 행복은 오로지 팔자소관이 아니다. 단지 개인의 문제가 아니다. 둥지가 흔들리면 그 안의 새들도 알들도 또한 위태롭다. 행복은 고립된 개인의 행복이 아니라 사회구성원으로서의 행복이고 시민의 행복이다. 우리가 정치현실에 관심을 가지고 적극적으로 참여해야 할 이유도 여기에 있다. 자유가 꽃처럼 피어나고 정의가 강물처럼 흐르는 세상이 행복한 세상이다. 행복한 세상에서 행복한 자아도 실현된다.

행복론은 수양론이다

인간에게 있어서 최고의 행복은 한해의 끝에 있는 자신을, 그 한해의 시작에 있었던 자신보다도 훨씬 더 나아졌다고 느끼는 것이다.

톨스토이

개인적 노력의 필요성

　그러나 행복한 사회를 만들기 위해서는 다수의 뜻과 의지가 모아져야 하고 많은 시간을 요하는 것이 사실이다. 내일 잘 먹기 위해 오늘 굶을 수는 없는 법이고, 내일의 행복을 위해 오늘의 행복을 유보할 수는 없다. 사회가 개선되기 전이라도 우리는 당장 행복해져야 한다.

　중국과 인도 사이의 작은 나라 부탄, 1인당 국민소득이 3,000달러도 안 되는 나라지만 인구의 97%가 행복하다고 느낄 정도로 행복지수가 높은 나라라고 한다. 종교(불교)의 영향, 공동체의 규모가 작고 구성원의 일체감이 큰 점, 국민총생산(GNP)이 아니라 국민총행복지수(GNH)를 국정의 목표로 삼는 부탄 정부의 정책 등이 원인으로 지목되지만 역시 행복에 있어서 주관적·심리적 요소를 무시할 수 없다는 것을 보여준다.

　따라서 부탄의 사례는 객관적 물질세계가 변하지 않더라도 행복해질 수 있는 가능성을 우리에게 시사한다. 행복을 위한 개인적 노력과 수양이 필요한 이유이다.

하고 싶은 일을 하라

　고대 그리스의 레토 신전 입구에는 다음과 같은 비문이 새겨져 있었다고 한다.

　"정의로운 것이 가장 아름답고, 건강한 것이 가장 좋지만, 가장 즐거운 것은 자신이 사랑하는 것을 얻는 것이다."

행복의 지름길은 하고 싶은 일을 하면서 사는 것이다. 시간 가는 줄 모르고 하게 되는 일, 밤새도록 해도 피곤하지 않은 일, 재미있어서 잘하게 되고 잘 하니까 더 재밌는 일을 직업으로 택하는 일이다. 누구나 제 하고 싶은 일을 한다면 '소는 누가 키우냐'고 반문할지도 모른다. 그러나 염려할 필요는 없다. 돈이 없어서 소고기를 못 먹는 경우는 있어도 소가 없어서 못 먹는 경우는 없다.

인생은 편도요, 한 번뿐인데 부모 눈치, 남의 시선 염려할 것이 없다. 타인을 지나치게 의식하는 것은 결국 자기 자신을 잃는 것이고 자유를 잃는 것이다. 타인의 시선, 견해나 생각의 노예가 되는 것이다. 사실 우리네 부모들은 경제적으로는 자식들을 과보호하고 정신적으로는 너무 억압해왔다. 자녀들에게 자유를 주고 스스로 책임지도록 하는 데 서투르다. 그러므로 심사숙고하여 잘 하는 일, 즐거운 일을 스스로 선택하라.

문제는 정작 자신이 무엇을 하고 싶은지 잘 모른다는 것이다. 획일화된 교육제도하에서 자신의 개성과 소질을 발견하고 개발할 기회가 부족한 것이다. 청소년기에 다방면의 자극에 노출되고, 여러 가지 활동을 경험할 필요가 있는 것은 그 때문이다.

하고 싶은 일과 직업을 일치시키는 것이 최선이지만 모든 사람이 그렇게 살 수 없는 것이 또한 현실이다. 요즘은 '본캐', '부캐'가 유행이다. '부캐'로라도, 취미로라도 하고 싶은 일을 하면서 살아보는 것도 방법이다. 죽음에 임박해서 사람이 가장 후회하는 것은 자신이 했던 일이 아니라 하지 못했던 일이다.

자신에 너무 침잠하지 말라

유독 자신에게 침잠하는 사람이 있다. 적절한 성찰이나 반성은 필요하겠지만 지나치게 자신에게 침잠하면 오히려 자기혐오에 빠지기 쉽다. 사람은 자신이 잘한 일보다 잘못한 일을 더 오래 그리고 생생하게 기억한다. 고통스런 기억은 부지런하고 즐거운 기억은 태만하다. 따라서 자신에게 너무 갇혀 있다 보면 자아에 대해 부정적으로 인식하고 실망하게 된다. 특히 도덕적 감수성이 높은 사람일수록, 이상(理想)이 큰 사람일수록 현실과의 괴리로 그런 경향이 있다.

알렉산드로스와 명마(名馬) 부케팔로스의 이야기가 있다. 부케팔로스가 흥분하고 사납게 날뛰어 아무도 그 말을 길들일 수 없었다고 한다. 어린 알렉산드로스가 그 말을 길들였는데 그 방법은 간단했다. 부케팔로스를 태양 쪽으로 돌려세운 것이다. 부케팔로스가 흥분해서 날뛴 것은 해를 등지고 서서 자신의 거대한 그림자가 움직이는 것을 보았기 때문이다.

사람은 완전하지 않다. 누구나 빛과 그림자가 있다. 좋은 점도 있고, 나쁜 점도 있다. 잘한 일도 있고, 못한 일도 있다. 세상에 스스로를 존경하는 사람은 많지 않다. 그러니 너무 자기 그림자만 들여다보지 말아야 한다. 눈을 돌려 빛을 바라볼 필요가 있다.

우리는 스스로 생각하는 것보다 훨씬 나은 사람이다. 우리가 한 잘못이나 실수보다는 분명 나은 존재이다. 늘 잘못하고 늘 실수하지는 않으니까. 그러니 너무 자학하지 말라. 자아 속에 빠져죽지 말라. 자기혐오와 행복은 상극이다.

사랑하면 사랑하게 된다

자기혐오는 타인혐오로 연결된다. 자아에 부정적인 사람은 타인도 부정적으로 인식한다. 사람은 자기에 비추어 타인을 본다(추기 推己). 타인은 제2의 자아다. 그리고 자기 자신과 타인 모두를 혐오하는 사람이 행복할 수는 없다.

자신을 사랑하는 방법은 물론 스스로 좋은 사람이 되는 것이다. 들여다볼수록 괜찮은 사람일 때 누구나 자신을 사랑하게 된다. 자기 안에 침잠하지 않고 오히려 밖을 향하고 먼저 남을 사랑하는 것도 좋은 방법이다. 남을 사랑하면 남도 자연히 나를 사랑하고, 타인의 사랑을 받으면 스스로를 사랑하게 된다. 남을 사랑하는 것이 자신을 사랑하는 것이며, 이타적인 것이 이기적인 것이다. 사랑하고 사랑받는 것에 사회적 존재로서의 인간의 가치, 자존감의 근원이 있다.

톨스토이는 "우리 인생에서 의심할 여지가 없는 단 하나의 행복은 타인을 위해 사는 것"이고 "행복한 사람은 동시에 늘 옳은 법"이라고 말한다. 타인의 행복을 위하는 것이 곧 자신의 행복을 위하는 길이다. 초아의 사랑에 행복의 길이 있다. 자기를 사랑하고, 타인을 사랑하는 삶이 행복한 삶이다.

즐기기는 힘들다

그러나 남을 사랑하는 것이 말처럼 쉬운 일은 아니다. 사랑에는 관심이 필요하다. 사랑에는 시간이 필요하다. 사랑에는 노력이 필요하다. 자아의 유보 내지 억제가 필요하다.

가만히 곁을 지키는 것, 상대의 말을 경청하는 것도 사랑의 실천이지만 그리 간단한 문제가 아니다. 타인의 말을 듣는 것 같지만 아예 듣지 않고 딴 생각을 하거나 건성건성 선택적으로 듣는 경우가 태반이다. 대화중에 불쑥 불쑥 튀어나오려는 내 생각, 의견, 감정을 자제하고 온 신경을 집중하여 상대에 몰입하는 것은 사실 무척 힘든 일이다.

자아의 유보 내지 억제는 얼핏 생각하면 자아의 축소를 의미하는 것처럼 보이지만 결과는 그 반대이다. 자아의 양보는 내 속에 타인이 들어올 공간을 확보하는 일이며, 그 결과 타인의 새로운 것이 들어와 더 큰 자아, 새로운 자아로 나아가게 된다.

사랑의 실천은 그저 얻어지는 것이 아니다. 훈련이 필요하고 습관화가 필요하다. 일시적 선행은 허영이나 자기기만일 수도 있다. 아리스토텔레스의 말처럼 행복은 단지 행운이 아니라 미덕이며, 미덕은 마음가짐(태도)이 아니라 행동이다. 미덕은 습관의 산물이고 저절로 생겨나지 않는다.

애완동물 길들이기

애완동물을 기르는 인구가 벌써 1,500만 명을 넘었다고 한다. 인구의 4분의 1 이상이 애완동물과 같이 살고 있는 것이다. 동네 공원을 산책하다 보면 사람이 반이요, 개가 반이다. 덩달아 펫 푸드, 펫 용품, 펫 병원, 펫 장례식장, 펫 추모공원 사업이 성업 중이다. 수백만 원을 호가하는 고가(高價)의 개집도 잘 팔린다. 정치권에서는 '반려동물 양육비 지급'이 새로운 화두다.

동물을 아끼고 사랑하는 것은 훌륭한 인간성의 표현이다. 비록 사람에 미치지는 못한다 하더라도 동물 또한 일정한 지능과 감정을 가지고 있고 이를 적절히 사용하고 표현한다. 진화의 최상위층에 있는 영장류들은 사람처럼 웃고, 울고, 화내고, 모욕감이나 부당함도 느낀다. 사람은 동물과의 교감을 통해서도 위로를 받고 행복을 느낄 수 있다.

그러나 애완동물에 대한 사랑은 인간관계의 행복을 온전히 대체하지 못한다. 인간과 인간, 인간과 동물은 교감의 수준과 질이 전혀 다르기 때문이다. 사람들 사이의 고도의 전면적이고 정신적인 교감을 동물과 나누는 것은 가능하지 않다. 사람과 사람의 관계가 수평적이라면 사람과 동물의 관계는 수직적이다. 전자가 호혜적이라면 후자는 시혜적이다. 전자의 본질이 자주성의 존중에 있다면 후자의 본질은 지배와 순종에 있다. 성격이 전혀 다른 것이다.

사람과 동물의 관계는 인간관계의 대체재가 아니라 보완재이다. 결국 인간관계로부터 오는 외로움이나 소외는 인간관계로 풀어야 한다. 세상에서 가장 영리한 짐승은 '아직 인간의 눈에 띄지 않은 짐승'이라고 한다.

장점에 주목하기

데이비드 흄은 "행복한 성격은 연간 1만 파운드의 수입을 올리는 토지보다 낫다"고 했다. 요즘 말로 하면 행복한 성격이 강남 건물주보다 낫다는 말이다. 그렇다면 행복한 성격은 무엇일까? 밝고 명랑한 마음, 사교적인 성격, 낙천적 태도 등을 생각할 수 있다.

물론 가능하면 밝고 명랑하게 살 필요가 있다. 살다보면 하지 않을 수 없는 일이 있고, 만나지 않을 수 없는 사람이 있으며, 참석하지 않을 수 없는 자리가 있다. 따라서 피할 수 없다면 즐기는 것이 상책이다. 기왕이면 즐거운 마음으로 일 하고, 사람을 만나는 것이 좋다. 어차피 수십 년 후에는 모두 사라질 사람들이고 일이 아닌가?

그러나 우리가 성격을 마음대로 선택할 수는 없다. 노력한다고 쉽게 고칠 수 있는 것도 아니다. 세상에는 우리가 아무리 노력해도 바꿀 수 없는 것들이 있다. 부모, 태어난 고향, 피부색, 민족, 성별을 마음대로 선택할 수 있는가. 설령 각고의 노력으로 바꾼다 해도 그렇게 되면 이미 그 전의 자신이 아니다. 정체성을 상실하는 것이다.

자신의 성격에 대해 콤플렉스를 가진 사람이 많지만 성격이나 기질에 옳고 그름은 없다. 좋은 날씨, 나쁜 날씨가 따로 없고 본래 그러한 것처럼 말이다. 장점이 곧 단점이고, 단점이 곧 장점이다. 에머슨은 "단점(결점)은 장점(미덕)의 그림자"라고 했다. 용기와 만용과 경솔을 구별하는 것이 쉬운 일인가? 반대로 소심함과 신중함과 사려 깊음은 전혀 다른 것인가? 말을 잘하는 사람은 실언(失言)도 잘하고 식언(食言)도 잘한다. 따라서 특유의 기질이나 성격을 바꾸려하기보다는 자신이 가진 기질이나 성격의 장점에 주목하고 이를 잘 살리는 것이 현명한 길이다. '우유를 많이 타서 맛도, 색깔도 잃은 커피'가 될 필요는 없다.

아주 가까운 사이에서 다툼이 자주 발생하는 이유도 상대의 성격이나 기질, 습관을 받아들이지 못하고 뜯어 고치려 하기 때문이다. 관계란 서로 다른 성격과 기질, 습관을 바꾸는 것이 아니라 견디고 익숙해지는 것에 다름 아니다. 내 성격과 기질, 습관도 어쩌지 못하는데 상대라고 다를 것인가?

선택할 수 없는 것을 사랑하고, 사랑하는 것을 선택하며, 선택한 것은 단호히 사랑할 필요가 있다. 스스로에게나 타인에게나 장점을 취하고 단점에는 눈을 감는 것이 최선이다(취장서단 取長恕短).

좋은 벗

　신은 친구를 필요로 하지 않는다. 혼자서도 완전하고 자족적이다. 동물은 무리를 짓지만 벗을 사귀지는 않는다. 오로지 인간만이 친구가 필요하고 친구를 선택한다.

　인간은 고독한 존재다. 다른 모든 것을 가지고 있어도 친구가 없다면 행복한 삶이라고 할 수 없다. 행복은 고통은 줄이고 즐거움(쾌락)은 키우는 것이다. 좋은 친구들이 있으면 고통과 슬픔은 반으로 줄고 즐거움은 배가 된다. 따라서 좋은 벗은 행복의 요체이다.

　벗이 많을수록 좋겠지만 많으면 깊지 못한 법이다. 다수에게는 자신을 온전히 나눠줄 수 없다. 빵 한 개를 한 사람에게 나누어주는 것과 열 사람에게 나누어주는 것을 상상해보라. 진정한 우정은 시간과 노력을 필요로 한다. 우리는 한정된 시간과 공간에서 제한된 에너지를 사용하며 살고 있다. 따라서 '둘도 없는 친구가 여럿이다'는 말은 말장난이 아니면 그 자체로 모순이다. 아리스토텔레스는 "여러 친구가 있는 사람에게는 한 사람의 친구도 없다"고 했고, 간디는 "모두 주고, 모두 받으라"고 말한다. 벗도 결국 선택하는 것이다.

　그러면 어떤 벗을 선택할 것인가. 우리는 친구를 좋아하기 때문에 선택한다. 그가 가진 미덕 때문에 선택하고 유용하기 때문에 선택하며 즐겁기 때문에 선택한다. 그 중 최고는 미덕을 공유하는 사람, 장점과 배울 것이 많은 사람을 선택하는 것이다. 이익과 쾌락을 목적으로 사귄 친구는 그 목적이 사라지면 멀어진다. 미덕과 자질에 따른 교제만이 내적인 것이고 오래 지속된다. 아리스토텔레스는 "친구란 두 몸에 거주하는 하나의 영혼"이라고 했고, 발타자르 그라시안은 "행운과 불행의 교차 속에서 여전히 친구로 남아 있는 사람만이 당신의 친구여야 할 것이다"고 말한다.

좋은 벗을 택한 후에는 어떻게 할 것인가? 답은 모두가 알고 있다. 내가 먼저, 이런 친구가 있었으면 하고 바라는 그런 친구가 되어 주는 것이다. 아리스토텔레스는 친구에게 어떻게 행동해야 하느냐는 물음에 "그들이 우리에게 행동해주길 원하는 그대로"라고 답했다. 그렇다면 그대는 어떤 친구를 바라는가? 그들이 어떻게 행동하길 바라는가? 멋지고 똑똑한 친구인가? 아니면 선량하고 진정 나를 위해주는 친구인가? 결론은 자명한 일이다.

'좋은 사람'은 우선적으로 '좋은 친구'다. 그리고 좋은 친구들 속에 있으면 스스로도 좋은 친구가 된다. 에베레스트 산이 높은 것은 높은 산들 속에 있기 때문이다.

취미생활

고된 일과에 불평하지만 실은 권태만큼 불행한 것도 없다. 격렬하게 아무 일도 안 하고 싶다가 금방 무료해지고 격렬하게 무언가를 하고 싶어진다. 그래서 다시 사람을 찾고 놀이를 찾지만 대개는 공허하고 시시껄렁하다. 그런 점에서 '세상에는 고독과 천박함 사이의 선택만 존재한다'는 말은 맞다.

시간을 선용할 수 있는 좋은 취미를 갖는 것은 행복한 삶의 필수 조건이다. 우리나라는 산이 국토의 60% 이상을 차지하고 있다. 집을 나서면 크고 작은 산들이 주변에 널려 있는 셈이다. 산책이나 등산이 좋은 점은 우선 돈이 들지 않는다는 것이다. 그다지 위험하지 않고 타인이나 동물, 자연에 특별히 해를 끼치는 일도 아니다. 그뿐인가? 머리는 맑아지고 눈은 시원해지며 콧구멍은 뻥 뚫린다. 손과 발에 근력이 생기고 당뇨, 혈압, 심혈관 질환에도 좋다.

혼자 걸으면 사색하기 좋고, 둘이 걸으면 두런거리기 좋고, 여럿이 걸으면 왁자해서 좋다. 걷기는 철학을 닮았다. 헨리 데이비드 소로우는 자신을 산책가로 불렀고, 아리스토텔레스와 그의 제자들을 가리켜 '소요학파'라고 부른다. '소요'란 '자유롭게 거닐며 이리저리 슬슬 돌아다니는 것'이다. 그들이 뤼케이온의 산책로를 한가로이 거닐며 대화하고 토론하는 모습에서 비롯되었다.

많이 걷는 사람이 장수한다. 말 그대로 '걸음아 날 살려라!'다. '앞으로 천 걸음이 뒤로 한 걸음만 못하다'는 말도 있다. 때로는 뒤로 물러서서 성찰하는 것이 더 필요하다는 뜻이지만 실제로도 뒷걸음질은 몸에 이롭다. 평소 사용하지 않던 근육을 자극하여 몸에 활력과 균형을 준다.

산을 오르다보면 보편적으로 확인되는 현상이 하나 있다. 입을 삐죽 내밀고 산을 오르는 어린 녀석들은 있어도 찌푸린 얼굴로 내려오는 놈은 없다는 사실이다. 명심하자. 새는 날고, 물고기는 헤엄치고, 사람은 걷는다.

배우는 즐거움

아리스토텔레스는 삶을 세 가지 유형으로 구분한다. 쾌락을 추구하는 향락적인 삶, 명예와 미덕을 추구하는 정치가적인 삶, 지성을 추구하는 관조적인 삶, 그리고 그 중에서 관조적인 삶이 가장 행복한 삶이라고 하였다. 이유는 간단하다. 각자에게 고유한 것이 각자에게 가장 좋은 것이자 가장 즐거운 것이며, 인간에게는 지성에 걸맞은 삶이 최선이자 가장 즐거운 삶이다. 왜냐하면 지성이야말로 다른 어떤 것보다도 인간적이고, 고유한 것이기 때문이다.

인생의 즐거움 중 하나는 모르는 것을 알아가는 행복이다. 하다못해 못 풀던 수학문제를 풀었을 때의 기쁨, 인생의 이치나 세상 돌아가는 원리를 깨달았을 때의 희열은 경험해보지 않은 사람은 모른다. 책을 읽다가 심금을 울리는 구절을 만났을 때 고개를 절로 끄덕이거나 무릎을 탁 치거나 잠시 책장을 덮고 생각에 사로잡히는 즐거움을 어찌 말로 표현할 수 있겠는가.

그러나 세상의 모든 책을 읽을 수는 없다. 한정된 시간과 기회비용을 생각하면 결국 양질의 책을 선택할 수밖에 없다. 세월의 검증을 거쳐 살아남은 양서를 선택해서 정독해야 한다. 우리가 고전이라 부르는 책들이 바로 그런 책들이다. 읽기는 어렵지만 배우는 것도 많고 보람도 크다. 쇼펜하우어가 이야기했듯 신간이라 불리는 것의 대부분은 '모조품의 모조품, 복사본의 복사본'인 경우가 허다하다.

에머슨은 도서관에 불이 난다면 불구덩이 속에서도 3권의 책을 가지고 나올 것이라고 했다. 셰익스피어의 희곡, 플라톤의 대화편, 플루타르크 영웅전이 그것이다. 셰익스피어의 작품은 희곡이자 한편의 시이며 철학이다. 셰익스피어를 읽지 않고 인생을 마감하는 것처럼 불행한 것도 없다.

책을 선택하는 것은 자발적 교육을 시작하는 것이고 스스로 좋은 스승을 택하는 일이다. 오락으로서의 독서도 있고, 교양으로서의 독서도 있고, 직업으로서의 독서도 있지만 그것이 무엇이든 궁극적으로는 자기 발전을 지향해야 한다. 다방면에 걸쳐서 폭넓게 책을 읽는 것이 교양을 쌓고 씨를 뿌리는 것이라면 하나의 주제를 택해 깊이 있게 읽는 것은 전문성을 키우고 수확을 하는 일이다. 젊어서는 폭넓게 읽고 나이 들어서는 깊이 있게 독서하는 것이 좋다.

배움은 단지 책을 읽는 것에서 끝나지 않는다. 경험하는 것도 배움이고 생각하는 것도 배움이고 실천하는 것도 배움이다. 세상 모든 것이 나의 스승이요, 우주와 자연이 모두 학교다. 형은 사형(師兄), 벗은 사우(師友), 아우는 사제(師弟)라 부른다. 들판에 피어난 이름 모를 꽃과 풀포기, 나무 한 그루도 새로운 깨달음을 준다. 우리의 삶은 배움의 연속이며, 배움에는 시작도 끝도 없고 그 즐거움에도 한계가 없다. 우리는 모두 영원한 학생이다.

만족을 아는 것

사람의 위(胃)에는 바닥이 없다. 밑 빠진 독과 같다. 인간의 욕심 또한 끝이 없다. 부나 지위, 명성은 바닷물과 같아서 마시면 마실수록 목마르다고 한다. 바다를 메울 수는 있어도 사람의 욕심을 메울 수는 없다. 따라서 욕심을 다 채우는 것이 행복이라면 우리가 행복해질 방법은 영원히 없는 셈이다. 만족을 아는 것(知足), 그칠 줄 아는 것이 행복의 길이다.

만족(滿足)이라는 말은 목구멍까지 가득 찬 상태를 말하는 것이 아니라 사실은 발목을 채울 정도를 뜻한다. 'better는 good만 못하다'는 서양 격언도 있다. 욕심은 끝이 없고 과욕은 낭패를 부른다는 말이다. '더 좋은 것은 좋은 것의 적이고 불행은 거기에 있다'라는 뜻이다.

'술은 반취(半醉), 꽃은 반개(半開)'라고 했다. 술은 반쯤 취했을 때가 좋고 꽃은 만개하기 전이 최고라는 말이다. 만취하면 추해지고 만개하면 떨어진다. 발타자르 그라시안은 "극단적인 정의는 불의가 된다. 잔인하게 쥐어짜면 우유가 아니라 피가 나온다"고 했다. 적절할 때 돌아서는 것, 반취반개에 인생의 묘미, 진정한 아름다움이 있다.

먼저 손 내밀기

남을 경계하거나 의심하면 불안해진다. 불안하면 행복할 수가 없다. 타인을 지옥으로 생각하면 그 지옥에서 탈출할 수 없다. 남도 나와 다를 바 없는 똑같은 사람이라는 당연한 사실을 상기할 필요가 있다. 나는 아무런 이유 없이 남에게 해를 끼치려고 하지 않는데 남들은 나에게 해를 끼치려 한다고 의심할 이유가 도대체 어디에 있는가?

여기 잘 모르는 사람이 있다고 하자. 그는 나에 대해 무감각하고 아무런 생각이 없다. 그러나 나는 그가 나를 해치지나 않을까 생각한다. 자연히 그를 경계하고 신체와 얼굴 표정도 덩달아 굳어진다. 상대는 그러한 나를 보고 마찬가지로 경계하고 긴장한다. 그러다가 사소한 일로 적대감을 드러내고 상대에게 해를 끼친다.

정반대의 경우를 상상해보자.

여기 잘 모르는 사람이 있다. 그는 나에 대해 무감각하고 아무런 생각이 없다. 그러나 나는 그가 나를 도와줄 것이라 생각한다. 자연히 그를 신뢰하고 심신은 이완되고 얼굴에는 웃음을 띤다. 상대는 그러한 나를 보고 덩달아 신뢰의 눈빛을 보내고 웃음을 띤다. 그러다가 사소한 일로 서로 호감을 드러내고 실제로도 친구가 된다.

인간에게 불행은 대부분 관계의 불행이다. 타인을 잠재적 친구로 여기고 먼저 마음을 열고 다가가는 것, 따뜻한 눈인사나 미소를 보내는 것에서도 관계는 좋아지고 행복의 파랑새는 쉽게 우리 곁을 찾아온다. 광대무변한 우주와 수억 년 시간의 흐름을 생각하면 바로 지금 이곳에서 마주하는 나와 그 사람은 얼마나 기막힌 인연인가! 타인을 나의 거울로 생각하라. 내가 웃으면 거울도 따라 웃고 내가 찡그리면 거울도 따라 찡그린다.

소문만복래

사람은 좋은 것을 추구하고 나쁜 것을 피한다. 즐거운 것을 추구하고 고통스러운 것을 피한다. 그러므로 주변에 벗들이 모이기를 바란다면 스스로가 먼저 좋은 사람, 즐거운 사람이 되어야 한다. 행복해서 웃고 불행해서 울지만 그 반대도 역시 진실이다. 많이 웃는 자가 행복하고 많이 우는 자는 불행하다.

웃으면 복이 온다. 웃음소리가 끊이지 않는 집에 만복이 깃든다. 웃음은 사람을 끄는 힘이 있다. 관계를 부드럽게 하고 즐거움과 활기를 준다. 유쾌하고 편안한 사람은 언제나 다른 사람의 환대를 받으며 사람들은 그를 늘 곁에 두고 싶어 한다. 그것이 원인이 되어 다시 관계가 확대되고 관계망이 커짐에 따라 새로운 기회가 부여된다.

주머니 속에 적절한 유머를 준비하라. 유머는 어색한 분위기, 팽팽한 긴장을 일시에 해소할 뿐 아니라 사람들을 즐겁게 하고 인생에 대한 지혜, 통찰까지 선물한다. 상황에 맞게 적절한 유머를 구사할 수 있는 사람이 최고의 교양인이다.

아리스토텔레스가 책을 펴내자 제자인 알렉산드로스가 항의편지를 보냈다. "스승님, 다 공개하면 우리는 뭘 먹고 삽니까?" 그러자 아리스토텔레스가 답했다. "사실 공개한 것도 아닐세. 나한테 배우지 않은 사람은 아무리 읽어도 그 뜻을 모를 테니." 어느 창녀의 아들이 군중들에게 돌을 던지자 디오게네스가 말했다고 한다. "조심해라, 네 아버지가 맞을지도 몰라."

기억하라. 행복은 웃음을 타고 날아든다.

감동하기

시간의 길이는 물리적으로 동일하다. 그럼에도 청년의 삶이 느리게 흐르고 노년의 삶이 매우 빠르게 느껴지는 것을 무엇 때문일까?

결국 기억의 문제이다. 젊어서는 모든 것이 새롭고 신기하고 감동적으로 느껴지기 때문에 기억 또한 오래가고 생생하다. 많은 일을 겪고 경험한 것처럼 여겨진다. 반면 늙어서는 별다른 감흥이 없이 관성적인 일상이 흘러간다. 기억에 담아둘 일이 많지 않고 따라서 하는 일 없이 세월만 빠르게 흐르는 것처럼 여겨진다. 마치 낯선 외국이나 타향에서의 며칠이 집에서 보내는 몇 달의 시간처럼 느껴지는 것과 같다.

인생을 길게 살려면 감수성을 키우고 되살려야 한다. 매사 신기하고 감동적으로 받아들이면 그만큼 기억에 오래 남고 풍요로운 인생을 살 수 있다. 그러기 위해서는 사물과 세상을 자세하고 깊이 보아야 한다. 수박 겉핥기, 주마간산 식으로 보는 것은 아무것도 보지 못한 것과 같다. 특별한 감흥도, 새로움도 주지 못한다.

하루를 길게 사는 것도 인생을 길게 사는 방법이다. 하루를 하나의 인생으로 여겨보자. 아침에 눈을 뜨는 것을 출생으로 저녁에 잠드는 것을 죽음으로 여기면 하루를 보다 소중하고 충실하게 살 수 있다. 1년이면 365개의 인생을 살 수 있다.

처음 보는 것처럼 사물과 현상을 대하라. 진심으로 감탄하고 감동하라. 하루를 일생처럼 살라.

결국은 수양의 문제

문화와 예술을 향유하는 것도 행복한 삶의 조건이다. 문화와 예술을 즐기는 사람들의 행복지수가 그렇지 않은 사람들보다 높다는 연구 결과도 있다. 문화와 예술은 생산자와 소비자 모두를 행복하게 한다. 생산자에게 창작은 고통임과 동시에 희열이다. 존재의 이유이고 자기 실현이다. 소비자는 그것을 통해 스스로의 영혼을 정화하고 정서를 함양한다.

그러나 문화와 예술은 또한 물질적, 정신적 여유의 산물이다. 사람들은 여유가 있을 때 아름다움을 추구한다. 문화와 예술을 즐기는 자가 더 행복하고 더 건강하다는 것은 사실 유한계급들, 부자들이 더 행복하다는 말과 다르지 않다.

그리스의 민주주의와 화려한 학문은 시민계급의 몇 배가 넘는 노예들의 노동 위에서 꽃피었다. 여유는 대개 착취를 동반하며, 그런 점에서 문화는 불의(不義) 위에서 열매 맺는 꽃이라고 할 수 있다. 문화와 예술을 사회 구성원 모두가 고루 누릴 수 있어야 평등하고 우아하고 진정 행복한 사회다.

아리스토텔레스는 "교양은 운이 좋을 때는 장식이나, 운이 나쁠 때는 피난처"라고 했다. 에머슨은 "인간의 위대성은 그의 목표에 있는 것이 아니라 한 상태에서 다른 상태로의 변이에 있다"고 했다. 결국 더 좋은 인간이 되기 위한 노력과 성찰, 수양에 인간으로서의 기쁨, 행복의 열쇠가 있다. 행복한 사회는 단지 행복의 조건일 뿐이다. 동일한 사회현실에서도 행복의 크기는 개인마다 다르다.

매일의 행복을 위하여

시련은 그것의 의미를 알게 되는 순간 시련이기를 멈춘다.

빅터 프랭클

하루의 행복

하루하루가 쌓여 인생이 된다. 세네카의 말처럼 '하루는 삶 전체의 축소판'이다. 따라서 행복한 인생을 사는 지름길은 행복한 하루를 사는 것이다. 지금까지 불행한 나날의 연속이었다고 해서 내일도 그러리라고 낙담할 필요는 없다. 우리에게는 아무것도 쓰이지 않은 백지와 같은 새날이 매일 주어진다. 언제든 새롭게 다시 시작할 수 있다.

'서서하는 것은 골프, 앉아서 하는 것은 마작, 누워서 하는 것은 섹스가 가장 즐겁다'는 농담이 있다. 행복이 곧 즐거움이라면 아침에 골프치고 낮에 마작하고 저녁에 섹스하면 그 이상 행복할 수가 없을 것이다. 그러나 과연 그럴까? 매일 매일을 오락을 하면서 보내는 삶은 행복할까?

놀이나 유희는 그것이 일상이 아니기 때문에 즐거운 것이다. 휴식은 근로에 대한 포상일 때 진정한 의미가 있다. '젊어서 한가한 것이 진정으로 한가한 것이다(未老卽閑是有閑)'는 말이 있다. 늙으면 본래 시간이 많다. 젊을 때, 바쁠 때 잠깐씩 휴가를 즐기는 것이 진짜 휴가다. 하루 종일 오락을 하면서 보내는 사람도 없을 뿐 아니라 설령 그런 사람이 있다 하더라도 그의 삶이 행복한 것은 아니다. 인간의 노동하는 본성, 이성적이고 사회적인 본성이 충족되지 못하기 때문이다.

하루를 행복하게 살려면 하루가 어떻게 구성되어 있는지 살펴보는 것이 필요하다. 우리의 하루는 어떻게 구성되어 있을까? 하루 중 우리가 가장 많은 시간을 보내는 것은 무엇일까? 아마 일, 잠, 가족, 출퇴근, 식사 등등일 것이다. 간혹 취미생활이나 회식, 지인과의 만남에 시간을 할애하기도 한다. 우리는 하루 중 가장 많은 시간을 일을 하는 데 보내고, 그 다음 잠을 자는 데 보내고, 그 다음 가족과 함께 하는 데 보낸다. 따라서 일이 행복하고 잠이 행복하고 가족과 함께 하는 시간이 행복하다면 행복한 하루라고 할 수 있을 것이다.

일을 즐겁게 하는 방법

변호사들의 꿈이 무엇인지 아는가? 우스운 얘기지만 많은 변호사들의 소망은 사실 변호사를 그만두는 것이다. 행복해서 소송하는 사람은 없고 또 소송이 즐거운 사람도 없다. 변호사란 이처럼 행복하지 않고 즐겁지 않은 사람들과 법전을 들고 동행하는 사람이다. 때로는 '왜 그렇게 나쁜 놈을, 살인자를 변호하느냐'는 비난을 듣기도 한다. '소 잡는 사람에게 왜 무고한 생명을 희생시키느냐'고 묻는 것과 같지만 묵묵히 감내한다. 변호사를 흔히 '기다리는(의뢰인을 기다리고, 재판순서를 기다리고, 판결을 기다리는) 직업'이라고 하는데 '영업'과 '승패'의 부담에서 자유롭지 못하고, 법원과 검찰의 불친절도 상당하다. 그리하여 변호사는 늘 탈출과 해방을 꿈꾸는 것이다.

우리는 인생의 대부분을 일을 하면서 보낸다. 하루의 대부분도 일을 하면서 보낸다. 학업, 직업, 가사일 등등. 죽음이 '영원한 안식'이라면 삶은 '영원한 근로'다. 따라서 일이 즐거운 것이 행복이다. 카알 힐티가 그의 행복론의 첫 장을 '일을 즐겁게 하는 방법'으로 정한 것은 그런 점에서 매우 탁월한 안목이다. 그렇다면 일을 즐겁게 하는 방법은 무엇일까?

본질적으로는 자유로운 노동, 소외가 없는 노동이 즐겁다. 자유로운 노동이란 강요되지 않은 노동이다. 소외가 없는 노동이란 생산의 전

과정에 참여하는 노동, 생산물로부터 배제(소외)되지 않은 노동이다. 그런 점에서 농부와 어부의 노동이 생산근로자의 노동보다 본질적으로 즐겁다. 키케로는 농사일의 기쁨을 다음과 같이 재밌게 묘사한다. "땅을 경작하는 기쁨은 은행 계좌와도 같네. 인출을 거부하는 법도 없고 항상 원금에 이자를 붙여 되돌려주니까 말일세."

그러나 즐겁기 위해 마음대로 직업을 바꾸기는 어렵다. 같은 노동 안에서 즐겁게 일할 수 있는 방법은 없을까? 자발적으로 하는 일이 즐겁다. 어떤 일을 하려고 스스로 생각하고 있는데 누가 하라고 시키면 그때부터 하기 싫어진 경험을 누구나 갖고 있다. 인간의 자발성, 자주성, 자유의지가 손상되기 때문이다. 자발적으로 일을 한다는 것은 어떤 일을 할 것인가 말 것인가, 언제 시작하고 언제 끝낼 것인가, 어떤 수단과 방법을 통해 할 것인가를 스스로 결정하는 것이다.

쉬운 일부터 하는 것도 즐겁게 일하는 방법이다. 여러 가지 일이 눈앞에 있을 때 쉽고 빨리 끝낼 수 있는 일부터 하는 것이다. 그 성취감으로 보다 어려운 일을 시작할 의욕과 힘이 생긴다.

시작을 쉽게 하는 것도 일을 즐겁게 하는 방법이다. '시작이 반'이라는 말도 있지만 일은 시작하기가 어렵고, 일단 시작되면 자체의 관성과 탄력으로 앞으로 나아간다. 다음날 해야 할 일의 개요를 미리 잠깐 훑어보는 것, 일정한 루틴에 따라 자동적으로 일과를 시작하는 것도 방법이다.

일을 끝내는 시점은 아무리 붙들고 있어도 더 이상 성과가 나지 않는 시점이다. 그때는 과감히 일을 정리하고 기분전환을 하는 것이 필요하고, 그렇게 다른 일을 하다 보면 막혔던 일에 대한 새로운 아이디어가 문득 떠오르기도 한다.

잠과 행복

인간이 하루에 7~8시간 잠을 잔다는 것은 의외로 많은 것을 시사해준다. 왜 인간은 하루의 거의 3분의 1에 해당하는 많은 시간을 아무일도 하지 않고 때로 소모적으로 보이는 잠을 자는 데 소비해야 하는 것일까?

잠은 하루 동안 쌓인 심신의 피로를 풀어주고 다음날 새롭게 일할수 있는 힘과 활력을 준다. 또한 노화를 방지하고, 혈압을 안정시키고, 면역력과 집중력을 높이며, 다이어트와 미용에도 효과적이다. 특히 아이들과 청소년의 성장에 필수적이며 잠을 많이 자는 아이가 아이큐가 높다는 연구결과도 있다.

잠은 인간이 모든 근심과 고통으로부터 해방되는 시간이다. 인간이라는 거추장스런 외피를 벗고 한 마리 순수한 동물로 돌아가는 시간이다. 한마디로 불행으로부터 해방되는 시간이다. 앞서 우리는 행복이 당연하지 않은 이유를 여러 가지 측면에서 살펴보았다. 유한한 생명의 자각, 감정의 지배, 이성의 존재와 본능의 좌절, 과거의 후회와 현재의 고통과 미래의 불안, 고된 노동과 권태, 자유(고독)와 구속(관계) 등등. 잠은 이 모든 인간적 요소와 불행이 끝나는 시간이다. 잠이라는 망각과 회복의 강이 없다면 인간의 하루는 온통 불행할지도 모른다.

뿐만 아니라 잠은 모두에게 평등하다. 왕자도 거지도 7~8시간 동안은 시체처럼 누워 잠을 자야 한다. 권세를 누릴 수도 없고 구걸을 할 필요도 없다. 잠을 자는 동안은 나도 없고 타인도 없다. 선행도 할 수 없고 악행도 할 수 없다. 선인도 없고 악인도 없다. 다만 새근거리고 꿈속을 헤맬 뿐이다. 인간은 누구나 최소한 8시간은 평등하고 행복하다.

잠을 자는 것은 불행의 끝이요, 행복의 시작이다. 잠을 잘 자는 것이 행복이다. 그렇다면 잠을 잘 자는 방법은 무엇일까? 잠은 밤에 자지만 실은 낮의 활동과 관련이 있다. 미덕의 실천과도 깊은 관계가 있다. 깨어 있는 동안에 열심히 일하고 사랑하고 보람 있는 일을 많이 하는 것이 잠을 잘 자는 방법이다. 자기 자신과 이웃과 동료와 불화하면서 잠을 잘 잘 수는 없다. 불의한 일을 행하고 편안한 잠을 기대할 수는 없다.

잠자기 전에 과도한 운동과 연구를 하는 것과 같이 심신을 긴장케 하고 흥분시키는 것은 해롭다. 어린아이의 잠자리에 부모의 따뜻한 음성과 토닥거림이 필요한 것처럼 누군가 곁에서 심신의 긴장을 풀어주는 것도 한 방법이다.

가화만사성

인간은 정치적 동물이자 가정적 동물이다. 아니 정치적 동물이기 이전에 가정적 동물이다. 인간은 정치 공동체가 형성되기 전부터 가족 공동체를 이루어왔고 정치 공동체가 해소되어도 여전히 가족을 이루며 살 것이다.

세상에서 유일하게 무조건적 사랑이 남아 있는 곳이 가족이다. 가정 밖이 능력과 경쟁의 원리가 지배한다면 가정에는 사랑과 우호의 원리가 지배한다. 다치고 지친 영혼이 서로 위로하고 휴식을 취할 수 있는 공간이 가정이다. 가족의 사랑, 화목이야말로 불행한 세상을 건너는 튼튼한 다리다. 가정이 단단하면 그 어떤 시련도 너끈히 견딜 수 있다. 기혼자의 평균 수명이 독신자보다 8~10년 정도 길다는 것은 가정과 사랑의 힘을 보여준다.

　가족의 화목은 부부의 화목에서 시작된다. 부부의 사랑이 가정의 화목의 시작이다. 부부관계는 인간이 형성하는 모든 개인적·사회적 관계의 정수다. 친구이자 연인이고 동거인이자 보호자다. 그 어떤 관계도 대체할 수 없는 깊고, 일상적이고, 전면적인 관계다.

　'시종(侍從)에게는 위인이 없다'는 말이 있다. 소크라테스는 아내에게 구박받았고 공자와 예수도 고향마을에서는 대접받지 못했다. 하나에서 열까지 모두 아는 마당에 신비감이나 존경심이 생기겠는가? 부부 사이도 마찬가지다. 일거수일투족을 같이 하는 부부 사이에 거짓과 허위는 통하지 않는다. 그런 부부관계가 뒤틀리고 사랑이 내재되지 않으면 인간은 도저히 행복할 수가 없다.

　부부관계의 황금율은 '대접받고 싶은 대로 대접하라'는 것이다. 배우자를 하인으로 대하면 나 또한 하인이 되고, 배우자를 귀인(貴人)으로 대하면 나 또한 귀인이 된다. 하인의 남편이나 아내 역시 하인이요, 귀인의 남편이나 아내 또한 귀인이기 때문이다.

　자녀는 부모의 거울이다. 아이들은 귀로 배우는 게 아니라 눈으로 배운다. 존경은 귀에서 시작해서 눈에서 끝난다. 부모자식 관계에서 중요한 것은 독립성의 존중이다. 애정관계는 기대와 요구를 수반하는 관계다. 애정관계가 단순한 호의관계만 못하게 되는 것도 대부분 과도한 기대와 요구, 집착 때문이다. 과도한 기대와 요구가 굴레가 되고 구속과 강압으로 작용하는 것이다. 상대를 존중하고 손님처럼 대할 수 있을 때 자유롭고 행복한 애정관계가 꽃핀다. 에픽테토스는 "네가 어떤 물병(특정 물병)을 좋아한다면 '난 물병이라는 것(물병 일반)을 좋아해'라고 말하라. 그러면 네가 좋아하는 바로 그 물병이 깨져도 괴롭지 않을 것이다"고 말한다. 가까울수록 거리두기 훈련, 객관화가 필요한 것이다.

가사 일을 분담하는 것도 필요하다. 가사일의 분담은 일의 효율을 위해서도 필요할 뿐 아니라 자녀들의 협동심을 키우고 자존감을 높인다. 자녀들이 독립하면 어차피 도맡아 해야 할 일을 미리 준비하는 의미도 있다.

아무런 준비도 없이 부부가 되고 부모가 되는 것은 가정적, 사회적으로 큰 문제다. 결혼 전에 부부교육, 부모교육을 (유급)의무화하여 부부생활, 가사분담, 출산, 자녀교육 등에 대해서 미리 배운다면 불필요한 시행착오와 갈등을 줄이고 훨씬 행복한 가정생활을 유지할 수 있을 것이다.

작은 선행

아무리 사소한 것이라도 하루에 한 가지씩 선행을 실천하며 사는 것도 행복한 삶에 꼭 필요한 일이다. 선행을 계속 하다보면 자신이 의외로 괜찮은 사람이라는 자긍심이 생기고 남을 돕는 일이 몸에 배어 자연스럽고 습관이 된다. 선행은 칭찬이나 대가를 바라지 않는다. 그 자체가 보상이다. 스스로 만족과 행복을 느끼는 것 이상의 더 큰 보상이 어디 있는가? 산과 들에 핀 꽃들은 누군가의 찬사가 없어도, 보상이 없어도 그 자체로 아름답다. 오른손이 한 일을 왼손은 본래 모른다.

선의에는 돈이 필요하다고 생각하는 사람도 있겠지만 미소를 보내는 것, 먼저 인사를 하는 것, 자리나 순서를 양보를 하는 것, 엘리베이터에서 다른 탑승자를 기다려주는 것, 길을 알려주거나 짐을 들어주거나 버튼을 대신 눌러주는 것처럼 돈을 들이지 않고 할 수 있는 선행은 주변에 얼마든지 있다.

너무 작아서 나누어줄 수 없는 것은 없다. 콩 반쪽을 나눠 먹고 나머지 반쪽을 호수에 던졌더니 풍덩 소리가 났다는 이야기도 있다. 선행이란 다른 것이 아니다. 남의 얼굴에 미소를 짓게 하는 일이다. 가슴을 따뜻하게 하는 일이다. 적금을 붓듯 하루에 한 가지씩 선행목록을 적립하자. 행복의 자산을 쌓자. 행복의 지름길은 어쩌면 그 크기가 아니라 빈도(頻度)에 있는지도 모른다.

불행의 얼굴을 하고 찾아온 행복

그러나 우리가 아무리 노력해도 불행은 우리를 찾아온다. 인간이 인간인 한 생로병사의 고통에서 벗어날 수 없고 이런저런 번민에서 자유로울 수 없다. 어쩌면 불행이라는 것은 제거될 수 있는 것이 아니라 축소시키고 지연시키고 잘 견디는 것인지도 모른다.

한 사람이 도달한 인격의 수준과 수양의 정도를 가장 잘 보여주는 것은 인내다. 간디는 "기도(명상), 단식, 비폭력이야말로 동물과 구별되는 인간의 특징"이며, "인내는 비길 데가 없는 무기"라고 했다.

고통에도 분명 한계가 있다. 참을 수 없는 것도 아니고 영원한 것도 아니다. 아무리 큰 홍수나 긴 장마도 끝이 있고 마침내 해가 뜬다. 헤어날 수 없는 고통 속에서도 희망의 무지개가 살짝 비치는 것이 인생이고, 더없이 행복한 나날에도 슬며시 먹구름이 끼는 게 인생이다.

불행을 심판으로 여길 필요는 없다. 나의 잘못으로 인해 불행이나 불운이 닥친 것이 아니라 자연의 이치나 섭리로 이해하여야 한다. 눈보라가 치고 폭풍우가 내리는 것은 그 누구의 잘못도 아니다. 운명의 수레바퀴는 돌고 돌아 밑에 깔렸다가 위로 올라서기를 반복한다. 바퀴가 위로 올라선 것이 기쁨이 아니듯 밑에 깔린 것도 슬픔이 아니다.

행운은 누구나 선망하지만 오만과 무절제, 시기라는 값비싼 대가가 따른다. 특별한 재능을 부여받은 사람들은 종종 그에 따른 대중의 환호와 경제적 풍요를 당연한 이자로 여기다가 마침내 원본(재능)마저 잃고 몰락하기도 한다.

차라리 불행이라는 얼굴을 하고 찾아온 행복이라고 생각하라. 불행은 사람을 겸손하게 하고 정화시키며 강하게 한다. 인내심과 관용을 키워주고 참된 친구와 거짓 친구를 구별하게 한다. 친구의 참모습을 보여주는 것은 세월과 불행이다.

인간이 만물의 영장으로 우뚝 선 것도, 사회적이고 문화적인 존재가 된 것도 모두 신체적 취약성이라는 '불운'으로부터 시작되었다. 인간의 신체 중에서 동물보다 월등하게 뛰어난 곳은 바로 두뇌이고, 이처럼 두뇌가 발달한 것은 다른 신체기관의 취약성을 딛고 생존하기 위한 적응의 결과였다. 신체적으로 유약한 인간은 무리생활에 의존할 수밖에 없었고, 이는 오늘날의 사회적이고 문명적인 인간을 낳았다.

아픈 사람이 건강의 소중함을 알 듯 불행한 자만이 행복의 참된 의미를 깨닫는다. 천국은 눈물 속에 어른거린다. 불행은 사실 행복을 위해서도 필요하다. 키티온의 제논은 이렇게 회고했다고 한다. "그때 (배가) 난파를 당한 것은 성공적인 항해였다."

행복을 선고하자

우리가 무엇을 생각하고 무엇을 알고 무엇을 믿었는지는 중요하지 않다.
중요한 것은 우리가 무엇을 했느냐이다.

존 러스킨

인생은 짧다

젊어서는 세월을 잘 의식하지 못한다. 세월의 속도는 나이에 비례한다. 반환점을 돌고나서야 세월에도 가속도가 붙는다는 사실을 안다. 인생에는 이처럼 경험을 통해서만 배울 수 있는 것이 있다. 소년 수학자나 소년 과학자는 있어도 소년 철학자가 없는 이유이다.

삼국지에 나오는 사자성어에 백구과극(白駒過隙)이라는 말이 있다. 인생이란 것이 '흰 망아지가 문틈 사이로 휙 지나가는 것을 보는 것'처럼 순식간이라는 뜻이다. 젊은 날 바위 위에 장난삼아 쓴 물글씨처럼 금방 흔적도 없이 사라지는 것이 인생이다.

재밌는 것은 한 번뿐인 삶, 유수(流水) 같은 인생이라는 똑같은 자각으로부터 전혀 정반대 현상이 벌어진다는 것이다. 어떤 이는 스스로를 경계하며 조심조심 살고, 어떤 이는 흥청망청 함부로 산다. 어떤 사람은 미덕을 실천하며 살고, 어떤 사람은 쾌락을 좇으며 산다.

그대는 어떤 삶을 택할 것인가? 답을 알면 쉬운 수학문제처럼 인생도 마찬가지다. 인생 최후의 날에 무엇을 기뻐하고 무엇을 후회할 것인지를 알면 어떻게 살아야 할 것인지 어렵지 않게 알 수 있다. 죽음에 이르러 그대를 눈물짓게 하는 것은 무엇일까? 재산인가 명예인가 쾌락인가 사랑인가.

수의(壽衣)에는 주머니가 없다. 남 이야기는 길어야 석 달 열흘이다. 기억되는 자와 함께 기억하는 자도 곧 사라진다. 돈도 지위도 명예도 결국 가져가지 못한다. 죽음의 동반자는 오로지 추억이다. 사람의 추억이고 사랑의 추억이다. 인간답고 떳떳하고 후회 없이 살았다는 만족과 자존이다.

행복은 인생의 총결산

인생은 여러 마디로 이루어진 대나무와 같다. 개개의 마디가 긴 줄기와 짧은 매듭으로 이루어진 것처럼 인생도 긴 과정과 짧은 결과의 연속이다. 대학진학을 위해, 취업을 위해, 출산을 위해, 승진을 위해, 내 집 마련을 위해, 각자의 소망을 위해 몇 개월, 몇 년을 노력하는 사람들을 생각해보라.

사람들은 흔히 결과에서 행복을 찾지만 노력한다고 모두가 원하는 결과를 얻을 수는 없다. 설령 소원이 성취된다 해도 그 기쁨은 순간이다. 결과가 행복이라면 우리는 인생에서 극히 짧은 몇 시간, 며칠 동안 행복할 뿐이다. 인생은 대부분 과정으로 채워져 있고, 따라서 과정이 행복한 사람이, 과정에서 행복을 찾는 사람이 진정 행복한 사람이다.

여기 두 사람이 있다. 한 사람은 무엇에 쫓기듯 산에 올랐다가 곧바로 하산한다. 그에게는 산에 다녀왔다는 결과가 중요하다. 늘 보던 산이라 별로 새로울 것도 감동도 없다. 그냥 밀린 숙제를 해치운 느낌이다. 반면 다른 사람은 천천히 산을 오르내리고 또 산에 오래 머문다. 가는 길에 꽃도 보고 나무도 보고 새소리도 듣는다. 자세히 보니 어제의 산이 다르고 오늘 산이 다르다. 모든 게 새롭고 경이롭다. 과연 누가 더 산을 즐기고 자기를 잊고 행복하겠는가?

행복은 일시적인 기쁨이나 환희가 아니다. 행복은 하루하루의 과정들이 쌓여 이루어진 하나의 결론이다. 행복은 인생의 총결산이다. 마침내 인생의 종착점에 이르러 '좋은 인생을 살았고, 행복했노라'고 회고할 수 있는 삶이 진정 행복한 삶이다. 솔론은 "살아 있는 자를 행복하다 일컫지 말고 다만 그가 삶을 끝냈을 때 그렇게 말하라"고 한다. 완결되지 않은 것은 온전한 것이 아니고 온전하지 않은 것은 완전하지 않으니까. 견유학파의 창시자 안티스테네스는 사람에게 최고의 축복이 무엇인가라는 질문에 "행복한 상태에서 죽는 것"이라고 말했다.

행복을 가르치는 학교

인간 활동의 궁극적 목표는 행복이다. 병원이 있고 학교가 있고 회사가 있고 경찰서가 있고 교도소가 있고 국가가 있는 것도 모두 행복하기 위해서이다. 당연히 배우고 가르치는 행위, 즉 교육의 제1목표도 행복에 있다. 학교야말로 일차적으로 '행복사관학교, 행복양성소'여야 한다.

그러나 이처럼 중요한 행복에 대해서 오늘의 학교는 무관심하다. 행복은 여전히 성적순이다. 행복하기 위해 배우고 가르치지만 정작 행복이 무엇이고, 행복에 이르는 길이 무엇인지는 가르치거나 배우지 않는 것이다.

행복은 자연히 오지 않는다. 노력을 통해, 수양을 통해 성취하는 것이다. 지금부터라도 각급의 학교에서 행복학, 행복론을 먼저 가르쳐야 한다. 그렇게 되면 당장 우리의 학교와 학생들의 행복지수는 놀라울 만큼 상승할 것이다. 미래의 주역들이 자기 자신을 더 잘 들여다보고, 인생의 의미를 생각하며, 사회의 개선에도 관심을 기울이게 될 것이다.

건강한 몸과 건강한 정신을 가진 행복한 사람, 타인의 행복을 자신의 행복만큼 소중히 여기고, 공동체의 평화와 안녕을 위해 기꺼이 협력하고 연대하는 선량한 시민을 키우는 곳, 그곳이 바로 학교이다.

지금 당장

　중요한 것은 시작하는 것이고 실천하는 것이다. 흔한 말로 아무것도 하지 않으면 아무 일도 일어나지 않는다. 에픽테토스는 "철학을 설명하려 들지 말고 나의 일부가 되게 하라"고 했고, 마르쿠스 아우렐리우스는 "선한 사람이 해야 할 일에 대한 토론으로 더 이상 시간을 소비하지 말라. 이제는 선한 사람이 되어야 할 때인 것이다"라고 했다. 아리스토텔레스는 "우리가 바라는 것은 용감이 무엇인지를 아는 게 아니라 용감한 사람이 되는 것이며, 정의가 무엇인지를 아는 게 아니라 정의로운 사람이 되는 것이다"고 했다.

　후세의 인류에게 엄청난 영향을 끼친 공자, 소크라테스, 부처, 예수와 같은 성인들은 스스로 책을 쓰지 않았다. 글재주가 없어서일까 아니면 제자나 후학들이 대신해줄 것이라 생각해서일까? 무엇보다 그들은 뜨거운 존재요, 실천가였기 때문이 아닐까? 그들은 온몸으로 말했다. 각기 다른 모국어로 같은 말을 했다. 인(仁), 진리, 자비, 사랑.

　이제 우리는 행복의 길을 알았다. 이제 남은 것은 실천하는 것이요, 나아가 즐기는 것이다. 진리란 평범한 것이다. 알기 어려운 것이 아니라 실천하기 어려운 것이고 실천하기 어려운 것이 아니라 즐기기 어려운 것이다. 즐긴다는 것은 일회적이지 않다는 것이다. 인위적이지 않고 자연스럽다는 것이다. 말 그대로 습관이 되어 편안하고 좋다는 것이다.

　우리는 이유도 모른 채 삶을 선고받고 죽음을 선고받았다. 그러나 시한부 인생을 살아가는 동안 행복하느냐 그렇지 않느냐는 오로지 우리에게 달려있다. 신과 대자연이 우리에게 삶과 죽음을 선고했다면 우리는 행복을 선고하자. 자유로운 의지로 스스로에게 지금 여기에서의 행복을 명령하자. 행복을 선고받은 자에게 판결주문인 행복은 단지 권리를 넘어 하나의 의무이다.

늦었다고 말하지 말라. 너무 늦은 때는 없다. 인생은 후반전이다. 처음보다 나중이 좋은 것이 좋은 것이다. 최후에 웃는 자가 가장 잘 웃는 자이다.

문을 열고 사람의 바다로 가자. 칭찬은 고래도 춤추게 한다. 그가 누구든 칭찬부터 시작하자. 칭찬은 상대를 기쁘게 하고, 칭찬하는 자를 고상하게 하며, 미덕 자체를 고무하고 확산한다. 나도 좋고 너도 좋고 미덕에도 좋다. 비를 맞는 이가 있거든 우산을 씌워주자. 그가 아는 사람이든 모르는 사람이든 상관없다. 어깨야 좀 젖으면 어떤가? 씌워주는 자의 어깨는 언제나 젖고, 언제나 숭고하다. 좋은 사람, 좋은 일, 좋은 삶을 만나는 최선의 준비물은 '좋은 나'이다.

인생에서 참으로 기쁜 날은 얼마 되지 않는다. 온몸과 마음으로 기뻐하고 축하하자. 많이 사랑하고, 많이 웃고, 많이 배우자. 여한 없이 살자.

참고문헌

기시미 이치로. 박재현 옮김. 아들러 심리학을 읽는 밤. 살림출판사

김기현 외. 내 인생의 한 구절. 잉클링즈

김누리. 우리의 불행은 당연하지 않습니다. 해냄출판사

나이절 워버턴. 유영범 옮김. 논리적 생각의 핵심 개념들. 동녘

니체. 사순옥 옮김. 짜라투스트라는 이렇게 말했다. 홍신문화사

달라이 라마 · 하워드 커틀러. 류시화 옮김. 달라이 라마의 행복론. 김영사

데일 카네기 지음. 최염순 옮김. 카네기 행복론. 씨앗을 뿌리는 사람

디오게네스 라에르티오스 지음. 김주일 · 김인곤 · 김재홍 · 이정호 옮김. 유명
    한 철학자들의 생애와 사상 1,2. 나남

라이언 홀리데이 · 스티브 핸슬먼. 조율리 옮김. 스토아수업. 다산초당

리처드 도킨스. 김명주 옮김. 신, 만들어진 위험. 김영사

리처드 스코시. 정경란 옮김. 행복의 비밀. 문예출판사

마르쿠스 아우렐리우스. 장백일 옮김. 명상록. 홍신문화사

마르쿠스 툴리우스 키케로 지음. 필립 프리먼 엮음. 안규남 옮김. 어떻게 나
    이 들 것인가. 아날로그

마사 누스바움. 임현경 옮김. 타인에 대한 연민. 알에이치코리아

마하트마 간디. 함석헌 · 진영상 옮김. 날마다 한 생각. 호미

미치 엘봄. 공경희 역. 모리와 함께 한 화요일. 살림출판사

발타자르 그라시안 지음. 정영훈 엮음. 김세나 옮김. 발타자르 그라시안의 인
    생수업. 메이트북스

버트란드 러셀. 송은경 옮김. 게으름에 대한 찬양. 사회평론

버트란드 러셀. 황문수 옮김. 행복의 정복. 문예출판사

보에티우스. 박병덕 역. 철학의 위안. 육문사

빅터. E. 프랑클. 죽음의 수용소에서. 청아출판사

세네카. 제임스 롬 엮음. 김현주 옮김. 어떻게 죽음을 맞이할 것인가. 아날로그

세네카. 제임스 롬 엮음. 안규남 옮김. 어떻게 분노를 다스릴 것인가. 아날로그

스벤 브링크만. 강경이 옮김. 철학이 필요한 순간. 다산초당

아나톨 프랑스. 이민주 옮김. 에피쿠로스의 정원. B612북스

아르투어 쇼펜하우어. 홍성광 옮김. 쇼펜하우어의 행복론과 인생론. 을유문화사

아리스토텔레스. 송유레 옮김. 에우데모스 윤리학. 한길사

아리스토텔레스. 천병희 옮김. 니코마코스윤리학. 숲

아리스토텔레스. 천병희 옮김. 수사학. 도서출판 숲

안광복. 처음 읽는 서양 철학사. 어크로스

알랭. 박별 옮김. 알랭 행복론. 뜻이 있는 사람들

에디스 홀. 박세연 옮김. 열 번의 산책. 예문아카이브

에른스트 페터 피셔. 이승희 옮김. 금지된 지식. 다산초당

에머슨. 윤삼하 옮김. 에머슨 수상록. 범우사

에픽테토스. A.A.롱 엮음. 안규남 옮김. 어떻게 자유로워질 것인가. 아날로그

엘리자베스 퀴블러 로스·데이비드 케슬러. 류시화 옮김. 인생수업. 이레

M. 스캇 펙. 최미양 옮김. 아직도 가야 할 길. 율리시즈

오연호. 우리도 행복할 수 있을까. 오마이북

외르크 치틀라우. 박규호 옮김. 진화에 정답이 어딨어? 뜨인돌

요슈타인 가아더. 장영은 옮김. 소피의 세계 1,2,3. 현암사

존 디어 엮음. 이재길 옮김. 내 삶이 내 메시지다. 샨티

존 러보크. 한영환 옮김. 인생의 선용. 범우사

체호프. 박선경 옮김. 세상의 지혜. 동해출판

카알 힐티. 박현석 옮김. 행복론. 예림 미디어

크리스티나 누녜스 페레이라 외. 42가지 마음의 색깔. 레드스톤

크세노폰. 최혁순 옮김. 소크라테스 회상. 범우사

톨스토이. 박선경 옮김. 인생의 지혜. 동해출판

틱낫한. 최수민 옮김. 화. 명진출판.

플루타르크. 이성규 옮김. 플루타르크 영웅전 전집1,2. 현대지성사

한병철. 김태환 옮김 피로사회. 문학과 지성사

헬렌 니어링 엮음. 전병재 · 박정희 옮김. 인생의 황혼에서. 민음사

헬렌 니어링. 이석태 옮김. 아름다운 삶, 사랑 그리고 마무리. 보리

저자소개

1965년 출생
고려대 법대 졸업
2002년 사법시험 합격
변호사, 산책가

행복할 의무

초판발행   2022년 5월 30일

지은이   김 석
펴낸이   안종만·안상준

편 집   전채린
기획/마케팅   조성호
표지디자인   BENSTOYR
제 작   고철민·조영환

펴낸곳   (주)**박영시**
            서울특별시 금천구 가산디지털2로 53, 210호(가산동, 한라시그마밸리)
            등록 1959. 3. 11. 제300-1959-1호(倫)
전 화   02)733-6771
f a x   02)736-4818
e-mail   pys@pybook.co.kr
homepage   www.pybook.co.kr
ISBN   979-11-303-1564-5   03040

정 가   11,000원